前　言

在新课程改革之前,职业生涯规划教育主要在大学阶段进行。随着我国九年义务教育的全面普及,一部分学生在高中毕业后会进入大学继续深造,而剩余的学生则会直接选择进入社会工作。此外,由于高中学生高考后填报大学志愿时需要选择相应的专业,因此,在高中教育阶段强化学生对"职业规划"的理解就显得至关重要,学生在进入大学之前接受职业规划教育,才能有效避免在选择大学专业时无从下手。

2019年1月,在教育部新闻发布会上,陈宝生部长提出了"充分利用学校内外资源,加强职业教育"的指导思想。同年6月6日,国务院秘书长肖捷在一份关于在新时期推动普通高中教育改革的指导摘要中提出了高中职业规划教育的建议,并表示在高中阶段开展职业规划教育有助于学生充分认识个人兴趣和专业之间的关系,促进学生的进一步发展,必须建立一个完善的高中职业规划教育培训体系,以培养学生的专业素质。

在高中阶段实施专业化的职业规划教育仍然面临

着教学时间有限和教师短缺等挑战。因此，在学科课上对高中学生实施职业规划教育是一个行之有效的方式。将高中职业规划教育尽量简短化，从而不会影响学习进度，可以帮助学生更好地理解专业与职业，激发学生的学习兴趣与热情，这对学生的专业培训和职业发展非常重要。另外，引导学科教师深入研究与学科专业教育有关的就业方向和职业生涯规划，可以使学科教育更具有现实意义。

本书第一、二章，让高中生了解高中阶段的职业规划及自我认知；第三、四、五章分别介绍了职业世界及未来职业所需要的品质，和高中阶段为了面对以后的职业世界所需养成的能力。第六、七、八章介绍了高中生职业规划与学科融合的理论。本书的特色与创新点主要体现在探索了高中职业规划教育与学科融合的策略。

将职业规划教育与学科教学、综合实践活动以及校内外相关活动相融合，是目前各个国家推进职业生涯教育的主要形式。本书在撰写的过程中参考和借鉴了大量的书籍和资料，在此向有关专家及学者致以诚挚的谢意。

高中生
职业规划指导与学科融合研究

杨新宇 ◎ 著

辽宁人民出版社

© 杨新宇 2023

图书在版编目(CIP)数据

高中生职业规划指导与学科融合研究 / 杨新宇著 . — 沈阳：辽宁人民出版社, 2023.4
ISBN 978-7-205-10736-9

Ⅰ.①高… Ⅱ.①杨… Ⅲ.①高中生—职业选择 Ⅳ.①G635.5

中国国家版本馆CIP数据核字(2023)第051115号

出版发行：辽宁人民出版社
地址：沈阳市和平区十一纬路25号　邮编：110003
电话：024-23284321(邮　购)　024-23284324(发行部)
传真：024-23284191(发行部)　024-23284304(办公室)
http://www.lnpph.com.cn

| 印　　　刷：辽宁新华印务有限公司
| 幅面尺寸：145mm×210mm
| 印　　　张：8.5
| 字　　　数：200千字
| 出版时间：2023年4月第1版
| 印刷时间：2023年4月第1次印刷
| 责任编辑：张天恒　王晓筱
| 装帧设计：中知图印务
| 责任校对：吴艳杰
| 书　　　号：ISBN 978-7-205-10736-9
| 定　　　价：58.00元

目 录

第一章 高中生学涯阶段 ··············1
第一节 终身学习 ··············1
第二节 学涯规划 ··············6

第二章 高中生自我认知 ··············9
第一节 人格特质探索 ··············9
第二节 职业能力探索 ··············17
第三节 职业兴趣分析 ··············27
第四节 职业价值观澄清 ··············35
第五节 自我肯定与生涯信念 ··············38

第三章 了解职业世界 ··············45
第一节 职业概况 ··············45
第二节 如何选择职业 ··············56

第四章 未来职业所需的优秀品格 ··············92
第一节 拥有积极情绪 ··············92
第二节 培养坚韧品格 ··············98
第三节 挖掘自我潜能 ··············105
第四节 重视沟通合作 ··············108

第五章 高中阶段重要能力的养成 ··············114
第一节 时间管理能力 ··············114
第二节 人际交往能力 ··············124
第三节 情绪管理能力 ··············142

第四节　压力管理 …………………………………152
第六章　高中生职业规划与学科融合理论基础 …………161
　　第一节　职业规划与学科融合相关概念 ……………161
　　第二节　职业规划与学科融合相关理论 ……………164
　　第三节　高中生职业规划指导融入学科教学的意义 …189
第七章　高中生职业规划指导与学科融合策略 …………191
　　第一节　渗透策略 ……………………………………191
　　第二节　渗透实践 ……………………………………203
　　第三节　实践效果检验 ………………………………210
　　第四节　高中学科教学的渗透建议 …………………215
　　第五节　高中生职业规划与学科融合
　　　　　　教学的改进建议 ……………………………217
第八章　高中生职业规划指导与思想政治课融合
　　　　教学研究 …………………………………………224
　　第一节　生涯规划教育融入高中思想政治课教学的
　　　　　　必要性和可能性 ……………………………224
　　第二节　职业规划指导与高中思想政治课教学的
　　　　　　联结点 ………………………………………247
　　第三节　职业规划指导与高中思想政治课教学的
　　　　　　有效对策 ……………………………………257
参考文献 ……………………………………………………265

第一章　高中生学涯阶段

第一节　终身学习

一、高等教育

(一)学校教育

人不能凭本能活着、人从一出生就在不断地社会化,通过教育,学习已有的各方面的社会知识。教育是培养人的社会活动,这种活动可能是正式的或非正式的,私人的或公共的,个人的或社会的,但是它总是在用一定的方法培养人的能力、技能、知识、信仰、态度、价值观及品格特性等。家庭、社会和学校都承担着教育的责任。教育心理学认为,在发展中的人的生活中,在家庭、学校以及其他各种社会环境中所经历的事件,将决定他会习得什么,因而也在很大的程度上决定他将成为一个什么样的人。学校教育在传授科学文化知识的基础上开发学生的智力、发展学生的思维和能力方面,在培养学生适应社会需求和经济发展方面都有举足轻重的作用。

(二)高等教育

劳动力市场上存在大量高校毕业生无法发挥个人技能和资历的情况,高等教育是否仍具有有效的价值？理论上,高等教育能提升个人的发展能力(如学习能力、研究能力、实践能力),能促进个人提高文明素养,能促进个体改变社会地位。对个人来说,教育有发展的功能、就业的功能和升迁的功能。教育在人的发展过程中,能够帮助学生:①学习生活技能,包括日常生活技能和职业技能;②内化社会文化,包括价值观念体系和社会规范体系;③完善自我观念,促进学生对自身的生理、心理状况,对自我和他人以及社会的相互关系有一个正确的认识;④学会承担社会角色,就是通过角色学习和角色实践,自觉按照社会结构中的规定、规范办事;⑤提高基本素质;⑥丰富情感世界,更好地体验和感受幸福,求真、向善的学校生活本身就是一种幸福生活,为同学们创设了一种体验幸福、感知幸福的良好氛围。

美国独立民间调查机构皮尤研究中心(Pew Research)开展的一项针对美国高等教育质量及其满意度的调查显示,毕业生中有74%的人认为他们所受的教育"对增长学识相当有用",69%的人认为"教育让他们更加成熟",55%的人称"教育对将来工作就业很有帮助"。此外,86%的人觉得"上大学对他们个人来说是一项很好的投资"。

高等教育不仅能提高他们的就业前景,在社交和个人发展方面也能够得到提高,他们往往拥有更高的职业满意度。本科教育既是通识教育,也是专业教育。

1. 通识教育

通识教育的目的不在于教人思考什么,而是如何思考;通识教育的目的是让学生发展独立思考的能力,而不是获取特定的或"有用的知识";通识教育的目的是培养"完整的人"。所谓的完整的人指拥有以下能力的人:有效思考的能力、清晰沟通思想的能力、合适明确的判断能力、辨识普通价值的认知能力。

2.专业教育

大学的主要任务是教育学生,让学生接受广博的教育,同时也在专业方面接受一些训练,为寻找职业做准备。本科教育的专业性主要是就人才培养的性质而言的。它根据一定的社会职业分工和人才需求,将人类关于某一领域的相关知识系统地传授给学生,让学生具有这方面的基本理论和基本知识。经过教育的学生,具有一定的专业理论和知识,毕业后可以升入研究生教育层次进一步深造,也可以步入社会找到相应的职业。

二、终身学习

(一)学习

学习在人的发展中发挥着重要的作用,与教育相比,学习更强调学习者的主观能动性。我国已经基本普及了九年制义务教育,义务教育满足了人作为一个社会人的基本需要,高等教育满足了人发展和提高专业技能的需求,在终身学习的生活方式中,学习又将满足人自我实现的需要。

高中阶段的学习,一方面是在为大学阶段的学习打下学科知识基础,比如进入大学学习生物的,以高中的生物和化学知识为基础;学计算机的,以高中的数学知识为基础;学建筑的,以高中的物理知识为基础;学法律、中文等的,以高中的文科知识为基础。另外,高中阶段的学习也训练了相关的能力,比如学习的能力、时间管理的能力、人际交往的能力等,更重要的是磨炼了学生的品质和态度,比如坚持不懈、刻苦学习等品质。

学习能带来哪些方面的成果？我们可以把学习的成果分为以下三类：知识、技能和态度，三种学习成果的含义如表1-1所示。

表1-1　学习成果的分类

类别	含义	内容
知识成果 （knowledge outcomes）	你知道的 （例如数学、工程、物理）	通用知识，专业知识
技能成果 （skill outcomes）	你能够做到的 （例如沟通、解决问题）	通用技能，专业技能
态度成果 （attitudinal or afective outcomes）	你想做该做的事 （例如工作态度、诚信）	个人目标，价值观，自我认识 待人态度

通过专业学习，同学们可以学习专业知识，习得专业技能。同时，接受高等教育除了学习专业知识与专业技能外，在通用知识和通用技能方面也可以得到学习和锻炼。从普遍意义上说，每个学科、每个专业的学习过程都可以锻炼学生的通用能力，比如学习能力、发现问题和解决问题的能力、国际视野等。

(二)终身学习

1994年首届"终身学习大会"在罗马召开，大会把"终身学习"表述为"通过一个不断的支持过程来发挥人类的潜能，它激励并使人们有权利去获得他们终身所需的全部知识、价值、技能和理解，并在任何任务、情况和环境中有信心、有创造性和愉快地应用它们"。

终身学习已经成为被广泛认同的生活理念。每个个体都有学习的权利，可以对学习的内容、方法和过程进行选择。在过去，学习被认为是阶段性的任务，它的标志是大学阶段是一个完整的学习过程。这个过程结束后，就进入职业阶段，从此进入职场、进入社会。学习生涯在大学阶段结束后也就结束了。而在终身学习社会中，学习是一种生活方式，学习贯穿了人生的全部。国际劳工组织在2000年报告中称，在终生学习问题上，"如果知识技能和学习能力得不到更新，个人的能力——适应新环境的能力，不是完全丧失就是将相应降低。终身学习问题是涉及生存的大问题"。

在学习型社会中，学习是自我发展和提高的需要，学习是一种兴趣，学习成为生活中的一部分，它与工作、生活、事业是融合的关系。生涯彩虹图中"学生"的角色，在22岁以前色彩很浓重，代表着个人在这个角色上投入的时间和精力最多；进入职场后，作为"学生"这个角色投入的时间和精力开始变少。有些人可能还会有阶段性的全职学习的可能，比如攻读博士学位，或者到国外访学。在学习型社会中，学习将发生以下的变化：①学习将不仅限制在学校范围内进行；②学习时间将不再是固定某段时间；③学习的内容更强调应用，而不仅是书本上的知识；④每个人都需要学习，而不只是精英或是儿童；⑤除教师外，还有一些其他替代品可以发挥教的职能。

在学习型社会中，学生要尽可能地学习新的技能，比如：①解决问题的能力；②批判性思维；③阅读文学作品和科技作品的能力；④写作能力；⑤管理时间的能力；⑥具有预见性；⑦换位思考的能力。

第二节 学涯规划

一、学涯发展任务

终身学习体系包括义务学习、高中学习、职业学习、大学学习、继续学习、社区学习等，上述各种学习机会构成了一个人的学习生涯。随着年龄的增长，学生在选择学习机会时会有越来越大的自主性，自由选择的机会也会越来越多。20世纪初美国杰出的精神分析学家艾里希·弗洛姆在其代表作《逃避自由》中说道，自由在某种意义上意味着为自己的一切行为负责，而这恰恰是人们不愿意有时也无法承担的责任。因此，人在渴望成为独立的个体，渴望摆脱自己所依附的力量的同时，又感受到自由所带来的孤独和焦虑，为了解除焦虑和孤独感，人又渴望逃避自由。

弗洛姆的这段话很好地诠释了在学习机会选择面前，特别是在高考志愿填报时考生的心理，考生渴望有选择的自由，又担忧无法承担自主选择所带来的责任。每一项决策可能都带有不同程度的风险，尽可能地理性决策，争取更好地承担责任。

高中阶段需要完成以下各项准备：①适应高中的学习与生活作息，制订恰当的学习计划；②做好情绪管理，熟悉考试的方法与技巧；③确定兴趣、能力和成绩水平；④根据兴趣、能力等初步进行职业探索；⑤培养决策能力；⑥了解高校类型、培养模式、专业设置；⑦关注高校招生要求、录取方式、学费、奖励资助政策等信息。

二、学涯规划的步骤

规划往往是追求确定的感觉,对未来的掌控让人产生踏实感和有追求目标的实在感,但影响规划的不确定性因素很多,因此,在生涯规划中,规划的过程往往比结果更重要,规划的过程让我们更了解自己,了解可能的选择,提高决策的能力和规划意识。

学涯规划也是如此,在学涯规划中,同学们需要掌握以下几个步骤:

1. 了解个人特质

包括个人感兴趣的学科和专业,在学习能力方面的特长,对大学的期待,接受高等教育的目的,在大学学习的目标,对未来职业选择的初步设想。

2. 探索可能的选择

了解高校和专业,了解工作世界及各类职业所需具备的能力,为将来专业选择提供参考。

3. 做出决定

搜集信息,权衡自己内外条件及现实限制,做出明智的决定。

4. 反馈和调整

在冲突、挫折、成败面前,评估、反馈并进行调整。

父母往往对孩子的教育和职业选择影响很大,在孩子的生涯发展中,父母可以帮助孩子发展自我意识和职业生涯意识,协助制定教育和职业生涯规划。见表1-2。

表1-2 高中阶段生涯发展需求和父母的参与

发展特征	生涯发展需求	父母的参与
发展自我认同感	理解个性、能力和兴趣与职业生涯目标的关系	帮助孩子独立决策
开始更现实地了解工作,理解职业生涯	理解教育以及大学所学的专业与进入劳动力市场的关系	鼓励孩子探索高中毕业后的各种教育机会
决策能力增强	能够使用职业生涯信息资源	提供信息和途径
更加独立	为学习上的选择和未来规划负责	参与制定孩子的未来规划

在考虑学涯规划时,要意识到以下几点:①了解机会,了解成本;②尽可能考虑高中毕业后的各种选择;③读大学并不能保证获得职业成功;④有些能力可以应用到多种职业中,可以满足不断变化的工作需求。

第二章　高中生自我认知

"世界上最复杂的是生命,生命中最复杂的是人类"。这句话形象地说明了人类的灵性与伟大,造物主的眷顾使人类具有了情感与理性,这一矛盾却又不可分割的关系就像硬币的两面。所以,认识人类、认识自己从一开始就是一个值得我们探索的主题。从职业生涯规划的角度来说,同学们要认识自我、认识职业、认识社会才能进行生涯规划。因此,认识自我是我们现在就要面对的任务。在高中阶段,同学们的重点任务在于认识自我,选择适合自己的专业,为进入大学做好准备。

第一节　人格特质探索

一、热身活动

活动名称:找朋友

活动目的:暖身活动,通过活动让学生打开心扉,学会向别人介绍自己、推销自己,理解团队的意义。

活动过程如下。①制作卡片:卡片的总数量与班级的总人数相同,卡片颜色的种类与学生分组以后的组数相同。例如:我们要4组,每组6个学生,那么卡片就要4种颜色,每种颜色6

张卡片,共24张卡片。②将卡片放入盒子中,每人从中抽取1张。③同学们抽取完以后,自由寻找与自己颜色相同的一个人,并且相互介绍自己的基本情况(姓名、班级、来自何方、自身特点、最喜欢的、最得意的、最感兴趣……如果学生相互之间比较熟悉,可以深入介绍对方不知道的事情)。④相互介绍完之后,继续寻找与自己颜色相同的同学,最终找到所有与自己卡片颜色相同的学生。⑤同一颜色的学生,形成一个团队,为自己的团队命名。

二、发展活动

活动名称:发现15个我

活动目的:通过回忆曾经的经历、体验,发现自己,给同学们时间思考,为主题活动做准备。

活动过程:通过深刻地挖掘自己,发现真正的自己,要求尽量描写一些反映个人独特性的东西,如性格、兴趣等。避免出现类似"我是一个男生""我是一个中国人"等一些通用属性。尽量多写,越多越好。例如:①我是一个……②我是一个……③我是一个……④我是一个……⑤我是一个……。

将上述内容进行一下归类。①身体状况(身高、体型、外貌)②心理状况(情绪、情感、性格等)③社会状况(对待朋友、家人等,坦诚、淡然、热情等)。通过以上归类,看是否需要再补充一些其他特征。

三、主题活动

活动名称:"360度"的我

活动目的:通过发展活动"发现15个我"的探索,继续进行全方位360度探索,展现一个真实、全面的自我,进一步了解自身的人格特质。

活动过程:①父母眼中的我;②亲戚眼中的我;③老师眼中的我;④同学眼中的我;⑤过去的我;⑥现在的我;⑦理想的我;⑧真实的我;⑨伪装的我;⑩幻想的我;⑪未来的我;⑫可能的我;⑬黑暗的我;⑭阳光的我。在描写的过程中,可以细分,例如:一个亲戚眼中的我,另一个亲戚眼中的我,只要给你留下的印象比较深刻,并且你认为比较客观,就可以写上。最后进行总结,给出一个完整的自己。

编号:①心理状况(情绪、情感、性格等);②社会状况(对待朋友、家人等,坦诚、淡然、热情等);③通过以上归类,看是否需要再补充一些其他特征。

在心理学领域,社会心理学家倾向于研究环境与情境对人的行为的影响,人格心理学家倾向于研究在面对同一情景时不同人的反应。正是他们的研究与努力给我们呈现了一个全面的自我。在本部分,我们要和人格心理学家一起,踏上寻找自我的气质和性格之旅。在探索之旅继续进行之前,我们分享一下有关人格的一种观点。在心理学领域与职业生涯领域,有这么一段话:气质与性格构建了你适合干什么的可能性;能力构建了你能够干什么的可能性;兴趣构建了你喜欢干什么的可能性;价值观构建了你注重干什么的可能性。高中生可以带着这段话去品味下面的人格探索之旅。

四、人格特质探索

(一)气质

在探索气质之前,需要说明的是,同学们日常生活中所说的气质与心理学领域中的气质是有区别的。在日常生活中,我们经常说"这个人很有气质","他们明显气质不同",这里所说的气质是根据人的姿态、长相、穿着、性格、行为等元素结合起来给别人的一种感觉,是一个人从内到外散发出来的人格魅力,是一个人内在魅力的升华,这里的人格魅力包括很多,比如修养、品德、举止行为、待人接物、说话的感觉等,所表现的有高雅、高洁、恬静、温文尔雅、豪放大气、不拘小节等。由此可见,气质并不是自己所说出来的,是自己长久的内在修养与文化修养塑造的结果。由此可知,同学们日常生活中的气质与心理学中的人格相似。

1. 气质是什么

在心理学领域,气质是一种表现在心理活动上的强度、速度、灵活性与指向性等方面的稳定的心理特征,它表现在心理活动的各个方面,具有不以活动内容为转移的特点。人的气质差异是先天形成的,受神经系统活动过程的特性所制约,主要反映在个人神经系统活动的特点和自然性上。例如孩子刚落生时,最先表现出来的差异就是气质差异,有的孩子爱哭好动,有的孩子平稳安静。

2. 常见气质类型

①多血质,也称活泼型,主要表现为活泼好动,敏感,反应迅速,喜欢与人交往,注意力容易转移,灵活性高,易于适应环境变化;在工作、学习中精力充沛而且效率高;对什么都感兴趣,但情感兴趣易于变化;有些投机取巧,易骄傲,受不了一成不变的生活。代表人物:韦小宝、孙悟空、王熙凤。②胆汁质,也称兴奋型,主要表现为情绪易激动,反应迅速,行动敏捷,暴躁而有力;性急,有一种强烈而迅速燃烧的热情,不能自制;在克服困难上有坚韧不拔的劲头,但不善于考虑能否做到,工作

有明显的周期性,能以极大的热情投身于事业,也准备克服且正在克服通向目标的重重困难和障碍,但当精力消耗殆尽时,便失去信心。代表人物:张飞、李逵、晴雯。③黏液质,也称安静型,主要表现为安静,稳重,反应比较缓慢;坚持而稳健地辛勤工作;动作缓慢而沉着,能克制冲动,严格恪守既定的工作制度和生活秩序;情绪不易激动,也不易流露感情;自制力强,不爱显露自己的才能;固定性有余而灵活性不足。代表人物:鲁迅、薛宝钗。④抑郁质,也称抑郁型,主要表现为体验深刻细腻,感受性强,敏感多疑,主观上把很弱的刺激当作强作用来感受,常为微不足道的原因而动感情,且有力持久;行动表现上迟缓,有些孤僻;遇到困难时优柔寡断,面临危险时极度恐惧。代表人物:林黛玉。

心理学家形象地描述了四种气质类型的人在同一情境中的不同表现:以同学们为例,4个不同气质类型的学生上剧院看戏,但都迟到了。多血质的学生立刻就会明白,检票员是不会允许他进去的,于是想办法通过二楼的通道进入了剧场;胆汁质的学生和检票员发生争吵,企图闯进剧院,他说是剧院的钟表快了才导致迟到,他进去看戏是不会影响别人的,并试图推开检票员进入剧场;黏液质的学生看到检票员不让他进去,就想第一场可能不太精彩,等幕间休息时再进去也不算晚,于是坐在那里静静等待;抑郁质的学生看到检票员不让进,就想这次太倒霉了,还是回家吧。任何一个人都不是单纯的一种气质类型,往往是多种气质类型的综合体现,只是每一种类型所占的比例不同。

3.气质与职业的关系

在心理学领域,气质本身并没有善恶、好坏之分,每种气质都有其积极的一面,也有消极的一面。气质并不能决定一个人活动的社会价值和成就高低。每一种职业领域都可以找出各种不同气质类型的代表,同一气质的人在不同的职业部门都能做出突出的贡献。但是,人们所从事的不同职业、不同岗位,却对从业人员的气质有不同的要求。某种气质特征,往往能为胜任某项工作提供有利条件,而对另一些工作又表现出明显的不适应。研究和实践都表明:气质特征是选择职业的重要依据之一。①多血质气质与职业选择。多血质的主要特征是活泼、好动、敏感、反应快、善于交际、兴趣与情绪易转换。择业时,积极主动,热情大方,善于推销自己,适应性强,很受用人单位欢迎。通常适合于出头露面,交际方面的职业,如文艺、外交、服务、管理、记者、律师、公关人员、秘书、艺术工作者等,而不太适合做需要踏实、耐心的工作。②胆汁质气质与职业的选择。胆汁质的基本特征是直率、热情、精力旺盛、脾气急躁、情绪兴奋性高、易冲动、反应迅速、心境变化剧烈。择业时,主动性强,具有竞争意识,通常倾向于选择竞争激烈、冒险性和风险性强的职业或社会服务型的职业,如节目主持人、导游、推销员、运动员、改革者、探险者等,而不太适合做需要细心稳重的工作。③黏液质气质与职业选择。黏液质的主要特征是安静、稳定、反应迟缓、沉默寡言、情绪不易外露、善于忍耐。择业时,沉着冷静,目标确定后,具有执着追求、坚持不懈的韧性,从而弥补了其他素质的不足。一般适合做会计、法官、话务、播音、保育、医务、图书管理、情报翻译、教员、营业员等工作,而不太适合做需要灵活多变的工作。④抑郁质气质与职业选择。抑郁质的典型特征是情绪体验深刻、孤僻、行动迟缓、感受性强、敏感、细致。择业时,会思虑周密,有步骤有计划,一般较适合从事需要持久耐心、操作精细的工作,如化验、机要、文秘、保管、校对以及理论研究工作等,不太适合做需要处事果断、反应灵活的工作。以上只是从气质类型的角度论及各种气质与职业选择的关联。同学们在今后面对职业选择时,应从自己的实际气质特征出发,认真考察职业气质要求与自身特征的对应关系,选择那些能使自己气质的积极方面得到发挥的职业与岗位,避开消极的一面。

(二)性格

1.性格是什么

性格是个体对现实的稳定态度和习惯化的行为方式,是个性,即人格中最核心的心理特征,它主要表现在同学们面对问题时"做什么"与"怎样做"两个方面。"做什么"反映了同学们对现实的态度,表明我们追求什么、拒绝什么;"怎样做"反映了我们的行为方式,表明我们如何去追求、如何去拒绝。稳定的态度决定着我们的行为方式,而我们习惯的行为方式又体现了我们对现实的态度,这两者是统一的。因此,世界上没有两个性格完全相同的人,我们都是独特而唯一的。因为性格本身更多的是由个人在后天的社会生活中逐渐形成与发展起来的,是我们各种习惯的统一体,因此我们要养成良好的性格。"播下一种思想,收获一种行为;播下一种行为,收获一种习惯;播下一种习惯,收获一种性格;播下一种性格,收获一种命运"(美国心理学家威廉·詹姆斯语)。

2.性格由什么组成

性格作为个性的核心心理特征具有十分复杂的组成结构,在心理学领域,一般认为性格由四部分组成:性格的态度特征、性格的理智特征、性格的情绪特征、性格的意志特征。

性格的态度特征主要表现在同学们对人对事对物的现实态度,是我们处理各种社会关系时表现出来的性格特征。主要包括:一是对社会、集体、他人的态度,体现为对社会和集体有责任心、诚实、坦率、有同情心、善交际、有礼貌等,或对社会和集体漠不关心、虚伪、狡诈、冷酷、孤僻、粗野等;二是对劳动、工作和学习的态度,体现为有的学生相对勤奋、负责、创新、节俭、慷慨等,有的学生相对懒惰、浮华、保守、浪费、吝啬等;三是对自己的态度,有的同学表现为谦虚、自尊、自信、严于律己,有的表现为骄傲、自卑、放任自由。

性格的理智特征主要表现在同学们的个人认识风格与特点上。在感知中,有的学生主动而有的被动,有人注意事物局部而有人关注事物整体;在记忆活动中,有的同学擅长形象记忆而有的擅长逻辑记忆;在想象上,有的学生好幻想而有的重现实,有的学生想象广阔而有的想象狭窄;在思维上,有的同学深刻而有的肤浅,有人善于独立思考而有人盲从依赖。

性格的情绪特征主要表现在同学们情绪活动的强度、稳定性、持续性和主导心境方面。主要包括四个方面:第一,情绪的强度方面,体现在同学们受情绪影响的程度和受意志控制的程度。如:有的同学情绪体验比较微弱,容易用意志控制;有的情绪体验比较强烈,难以用意志控制。第二,情绪的稳定性方面,体现在同学们情绪起伏的程度。如:有的同学淡定自若,无论成败情绪都比较平静;有的在成功时容易暗自窃喜,失败时则垂头丧气。第三,情绪的持久性方面,体现在同学们受情绪影响的时间跨度。如面对同样的愉快或悲伤情绪,不同的同学持续的时间长短不一样。第四,情绪的主导心境方面,体现在不同的主导心境对同学们的影响程度。如有的人经常愉快,而有的人经常忧伤。

性格的意志特征主要表现在同学们对自身行为的调节、控制水平。主要包括四个方面:第一,意志的自觉性,体现在同学们是否具有明确的行为目标,并使行为受社会规范的约束,主要特征有主动性、目的性、独立性或被动性、盲目性、依从性等;第二,意志的自制性,体现在同学们对自己行为是否能够自觉控制,主要特征有自控、冷静、沉着或冲动、狂热、怯懦等;第三,意志的果断性,体现在同学们在面对紧急事态或困难的条件下表现出来的意志特征,主要特征有坚决、敏捷,或优柔寡断、顾虑重重等;第四,意志的坚毅性,体现在同学们面对持续的工作或学习表现出来的意志特征,主要特征有坚定、顽强、不屈不挠,或摇摆、脆弱、妥协等。

第二节 职业能力探索

一、探索活动

热身活动:我是那么优秀

活动目的:通过自我发掘,发现自身的优点,增强自信。

活动过程:①列出自己至少10个优点;②运用头脑风暴法,尽可能多地写出自己的优点,不怕夸张;③与同学们分享、讨论各自的优点。

发展活动:插土豆

活动目的:让同学们理解很多看似不可能的事情,往往需要自己去体验,我们要相信自己的能力,要用实践去检验是否可行,"没有做过不要轻易说不行"。

活动过程:①引导语:你能用一根吸管一下插穿一个土豆吗?你是否在想:我是女生不可能做到,或者这需要力气大的同学才行。如果我告诉你,每一个人都可以,你是否愿意尝试一下?②给每一个学生一个土豆与一根吸管,让同学们尝试着去做。③如果有学生没有成功,讲解做动作时要迅速、准确。④让成功的学生分享经验。

主题活动:撰写成就故事

活动目的:同学们根据自己曾经做过的成功的事情撰写故事,由此发掘自己的能力与才能。

活动过程:①写下生活中令你有成就感的具体事件,发掘你在这件事情中使用了哪些能力与技能。②这件事情未必是惊天动地的大事,只要符合你喜欢做这件事时的感受和你为完成它而感到自豪这两点就可以。③事情不一定必须是学习上的,可以是家庭中、生活中、人际交往中的各个方面。④撰写故事时,应当包含以下几个要素:你想达到的目标,或需要完成的事情;你面临的障碍、限制与困难;你的具体解决方法,或者你的具体行动计划;你所取得的成就或结果。⑤撰写的故事越多越好,故事写好以后,和你的同学一起分析其中包含的能力,并把多次出现的能力记录下来,那往往是你拥有并且直接能用的能力。

同学们对人格特质的魅力已经有了初步的了解,现在让我们一起去欣赏我们每个人身上的能力和魅力。我们经常把能力挂在嘴边,"这个人有能力","那个人没有能力","我们班的某同学很有能力"。那么,能力到底是什么东西?它和我们有什么关系？在心理学领域又是怎样解释的？带着这些问题我们一起去探讨。

能力：能力是指顺利完成某一项活动所必需的心理条件，是直接影响活动效率，并使活动顺利完成的个性心理特征。能力按照其获得的方式，可以分为能力倾向与技能。能力倾向是指上天赋予每个人的特殊才能，如音乐、运动能力等。它是人与生俱来的，不过也有可能因未被开发而荒废。因此，这是一种潜能。例如拿刘翔来举例，虽然不是每个人都能像刘翔那样有风一般的速度，但是一定有一些人具备刘翔那样的身体条件，只是从来没有机会去发掘这方面的天赋而已。遗传、环境和文化教育对天赋都会产生影响。后天技能是指经过后天的学习和练习培养而形成的能力，如阅读能力、人际交往能力、表达能力等。个人在成长过程中，从什么也不会做的小婴儿到一个具有自理能力的成年人，在这期间我们学会了无数的技能，体验了很多经验。

在现实生活中，个人的能力水平是能力倾向与后天技能共同作用的结果。例如，刘翔能够有风一般的速度，一方面是因为他有良好的身体素质，另一方面是因为他后天的刻苦训练，两者缺一不可，并且后天的训练尤为重要。一般认为，能力倾向决定个人发展的可能性，后天技能决定个人发展的现实性，即能力倾向决定你的最大值，后天技能决定你的实际值。我们每个人的能力倾向是不一样的，各有千秋，但必须经过后天的教育、训练、发展才能真正实现。

能力倾向与后天技能的关系如图2-1所示。

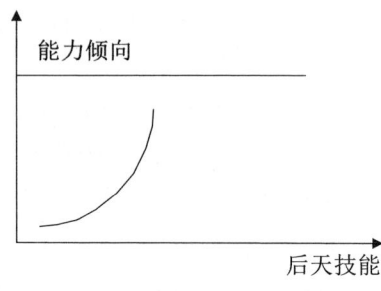

图2-1 能力倾向与后天技能的关系

看到这里,可能有同学就开始抱怨,或者为学习没有起色找借口:我学习不好,一直提不上去,原来是因为能力倾向不够,再努力也没用了,于是想放弃学习。在这里,需要向同学们说明的是,我们每个人的能力倾向虽然不同,但最基本的能力倾向一般差异较小,例如学习能力、交往能力。我们每个人的能力倾向足够去开发使用,如果经过后天的教育学习,我们能够开发到三分之一,那已经是很聪明的学生了。因此,对同学们而言,只要刻苦努力学习,提升后天技能,就一定能够成为有用的人才。

二、职业能力

职业能力是在职业活动中所需要具备的能力,它直接影响职业活动的效率和职业活动能否顺利完成。它主要包括基本能力、专业知识能力、通用迁移能力、自我管理能力。

(一)基本能力

基本能力又称一般能力,是指从事社会职业活动所必须具备的基本的、通用的能力,它具有不同职业和岗位之间的普遍适用性。

1. 生活自理能力

这是高中生所需要具备的最起码的能力。有了这种能力，不仅一个人能够生活得有条理，而且也为将来的大学生活打下基础。进入大学以后，同学们无论在学习上还是生活上，都需要自己去管理，这也是将来进入社会所必需的。进入社会以后，社会的结构与形式都会相对复杂、广阔，如果我们还在处处依赖家人或他人，无法独立生活，那就很难适应环境，更谈不上职业生涯规划了。

2. 环境适应能力

环境适应能力是指同学们随外界环境和时代变迁而改变的行为方式、生活方式、交往方式、思维方式、习惯、价值观念和思想认识。同学们要发挥自身主观能动性，认识和驾驭环境，这样才能更好地适应社会。有的学生由于受成长环境的影响，心理素质较弱，比较依赖家人或朋友，这样就会造成适应性困难，并且会带来诸多矛盾。因此，同学们要把培养自己适应社会环境的能力放在重要位置，通过不同方式、不同类型的教育和训练，使自己早日适应环境，为将来进入大学学习，最终进入社会奠定坚实的基础。

3. 叙述表达能力

叙述表达能力是指借助各种方式表达思想感情的本领，包括言语、写作、图表等。叙述能力是现代人必备的基本素质之一，一个人的叙述表达能力在现代社会尤其重要，它有利于我们表达自己的研究成果、设计方案、思想感情，能够更好地与他人进行交流沟通。随着社会经济的发展，人与人之间的交流越来越频繁，语言表达能力的重要性也日益凸显，好的语言表达能力也被认为是现代人必备的能力。我们不仅要有自己的思想见解,还要能把这种见解表达出来,用自己的行为为这个社会做出贡献,用自己有益的观点去感染和说服别人。

（二）专业知识能力

专业知识能力是指那些需要通过教育培训才能获得的特别的知识或能力,是个人所掌握的专业技能、所懂的知识。例如,同学们掌握了一门外语,学会了化学元素周期表,懂得了中国历史,掌握了电脑编程语言等。一定的专业知识能力是我们自身能力提高所必需的,也是我们一技之长的体现。扎实的基础知识是专业知识能力的根基,同学们无论以后选择何种专业或职业,也不管向哪个专业方向发展,都少不了扎实的基本功。因此,同学们在高中期间一定要多学习、多思考,尽可能地汲取基本知识,为以后的发展打下基础。

（三）通用迁移能力

通用迁移能力是指在某一种环境中获得,并可以有效地移用到其他不同的环境中去的能力,是个人能够持续运用和最能够依靠的技能。通用迁移能力主要在日常生活中获得并能得到不断改善,并且在许多领域里都可以得到进一步的完善和增强。

它们可以从生活的方方面面得到发展,特别是工作之外的生活中,但这种能力却可以迁移应用到不同的工作之中。例如,同学们在自己的宿舍里发生了矛盾,有的同学就把这种矛盾一直压抑着,但是这样解决不了问题,有时还可能激化矛盾,甚至引起更严重的冲突;有的同学就会站出来组织宿舍的同学进行协商解决,在商讨的过程中,就用到了组织能力、问题解决能力、协调沟通能力,并且充分发展与实践了这些能力。不管同学们以后从事什么样的工作,这几种能力几乎都要用到。

1. 实践能力

实践能力是保证同学们运用所学知识、技能去解决实际问题的能力,体现为个体所具备的生理与心理特征。它要求学生将平时所学和社会问题、社会现象相结合,有创意地提出问题,通过实践分析问题、研究问题,最终解决问题。在现实生活中,有很多问题亟待解决,常常面临有理论知识可用,但我们不会用、不能用的现象,这就是理论与实践的脱节。随着时代的发展,纯"书生型"的学生已经不能够完全适应社会的需求。近年来,许多用人单位在挑选录用大学毕业生时,在同等条件下,往往会优先考虑那些曾经担当过学生干部的学生,或者有实践实习经历的学生。因此,同学们在高中阶段,除了要专心学习外,还要更多地抓住学校的一切实践锻炼机会,培养自己的实践能力。

2. 社会交际能力

社会交际能力实际上就是与他人相处的能力。同学们在步入社会以后,社会之中的人际关系远不如学校中的同学、师生关系那么简单,要与各种各样的人发生这样或那样的关系。能否正确、有效地处理、协调好工作和生活中人与人之间的关系,不仅影响一个人对环境的适应状况,而且影响着他的工作效率、心理健康、生活质量和事业成就。因此,同学们在日常的生活学习中,要主动培养社交能力。首先要有积极的心态,理解他人,关心他人。要主动与他人交往,不要消极回避,要敢于接触,尤其要敢于面对与自己不同的人。其次,要从小事注意社交礼仪,积少成多。再次,要善于去做,大胆接触同学,消除恐惧,加强交往方面的知识积累,在实际的交往生活中去体会、把握人际交往中的各种方法技巧。最后,要谨记真诚交友的原则,要认识到在与别人的交往中,打动人的是真诚,以诚待友、以诚办事,只有真诚才能换来与别人的合作沟通,真诚永远是人类最珍贵的感情之一。

3.组织管理能力

组织管理能力,不仅在自己的工作岗位上能够用到,而且在自己的生活当中也能得到充分体现。它包括以下几个方面:有效地管理自己的时间、设置目标与标准、为自己的学习承担责任。主动有目的地去学习,会运用一系列的学习策略在不同的情境中学习,制定长期的目标;在执行共同的任务时,尊重他人的观点和价值。在合作环境中有效地工作,适应群体要求,发挥带头作用领导他人,委派任务,学会协商沟通。

4.决策能力

决策能力是在面临多项选择时,及时果断做出最佳选择的一种能力。我们每天都面临各种各样的选择,早餐吃馒头还是包子,选择休息还是逛街,我们都在这样的选择中度过。除了生活中小的选择,人的一生往往会遇到许多重大的选择,优柔寡断错失良机和草率决断一样会带来不利的影响。在高中生活中,同学们要学会面对问题时把握机会,勇敢抉择。决策中有几个问题,同学们需要注意,即独立思考、独立分析、解决问题。同学们高中学习期间,要有意识地去培养自己的决策能力,从日常小事做起,不要事事都请别人拿主意,这样日积月累就会形成一种能力习惯。

5.学习能力

学习能力不仅体现在学校课堂中,还体现在社会工作中,要树立终身学习的理念,增强对知识的汲取能力,对信息的搜集处理能力,特别是在信息泛滥的今天,如何能够省时有效地利用信息是一项基本的学习能力。要善于自学,只有学会自学,学习的动力才会真正来自自己,才能持久高效地进行学习。从学习心理学来说,为提高自身的学习能力,同学们必须掌握一定的基础知识,打好基础、夯实地基,这样在知识的建构过程中,我们才能整合现有知识与已有知识之间的联系,丰富与创新知识。

6.心理调适能力

心理调适能力是指面对困难、挫折、失败和意外事件时,自我调整,缓解焦虑与压抑情绪的能力。这种能力对同学们的身心健康是很有必要的。心理调适能力的提高需要同学们培养理性清晰的思维能力,进行丰富的实践活动。在这里需要向同学们说明的是,对心理调适能力的培养来说,成功的经历是必要的,但是失败的经历或者中性的经历可能反而更重要。

7.创新能力

"创新"这个词,在当今社会被无数次提到,无论是发达国家还是发展中国家,都给予了创新无限的希望与鼓励。作为一名高中生,我们在高中阶段的学习是为将来的创新打下坚实的基础。在学习的同时,要注重非智力因素的培养。要热爱生活,发现生活中的美,对生活产生浓厚的兴趣,这样才能够将创新根植于生活当中,才会产生无限的动力;要注重培养自己的意志力、自信心、团队合作精神,提高自身的心理韧性,为将来创新过程中面对挫折时做好准备;要学会将所学知识应用于实践,深刻认识理论与实践的重要联系,尽可能地使理论接近实践。

(四)自我管理能力

1. 情绪管理能力

心理学界有一句调侃:"这个世界上最复杂的是人,人最复杂的是心理,心理最复杂的是情绪。"情绪是心理学领域最复杂的概念之一。所有的学者都在苦苦追寻情绪的秘密。当消极情绪产生时,我们往往感到不由自主地失去理性,为情绪所左右。对情绪的管理,有以下几种方法:合理宣泄;找知心的朋友或家人倾诉委屈与不满;找一个安静适当的地方大哭甚至大骂,对着树踹两脚,将心中的怨恨发泄出来;通过剧烈的体育运动,例如,打球、爬山、游泳等,将内心的负面能量发泄出来;改变认知,情绪的产生更多的是来自对发生事件的解释不同,当事情发生时先解决问题,如果问题不能够解决,就改变自己的视角,以更加积极的眼光去解读发生的事情。

2. 时间管理能力

时间管理就是合理有效地利用可以支配的时间,达到相应的目的与目标。高中阶段,同学们除了决定哪些事情该做,还要决定哪些事情不应该做,改变能够改变的事情,适应不能够改变的事情。时间管理不是对时间的完全掌握,不是要把事情完全做完,而是更有效地利用时间,在学习与做事情的过程中达到效果、效率、效能的结合。

第三节　职业兴趣分析

一、探索活动

热身活动:回忆幸福时光

活动目的:让同学们体验幸福与兴趣的紧密关系,幸福的时候往往是在做自己感兴趣的事情。

活动过程:①以最舒服的姿势坐在自己的位子上,深呼吸,放松。②连续五次深呼吸,越慢越好,将自己的注意力集中在吸气与呼气上。③感受放松的状态从肩膀开始慢慢向下,一直蔓延到全身。④回忆三个自己感到特别愉快的场景,请仔细回忆当时的细节与感受。⑤审视当时的事情,从中发现自己有哪些方面的兴趣,这些兴趣有相同之处吗?

发展活动:兴趣探索

活动目的:根据自己的日常生活判断自己的兴趣所在,从中能更真切地反映自己,增进自我觉察。

活动过程:具体详细地回答以下问题,特别是要认真思考回答第二部分的"为什么"。①我的白日梦:你最感兴趣的职业是什么?这些工作哪些特征吸引着你?②回忆三个从事某件事情时令你感到快乐的经历,详细地描述这三个画面中的哪些地方让你感到如此快乐。③从小到大你担任过哪些职务?你喜欢的是哪些,不喜欢的是哪些?请说明为什么。④你最崇拜的人是谁?他对你产生了什么影响?你最像他的是什么地方?不像的是什么地方?⑤你最喜欢看哪种杂志?杂志的哪些地方吸引了你?在书店里,你通常会停留在哪类书架前?⑥除了单纯的娱乐放松外,你最喜欢看哪几类电视节目?节目中什么吸引着你?⑦你喜欢浏览哪类网站?你喜欢看网站的哪部分内容?它属于哪个专业?⑧休闲的时候,如果只是出于兴趣的思考,你最想做什么、学什么?里面什么吸引着你?⑨你最喜欢的科目是什么?为什么喜欢它们?⑩我们生活中都有过因为全神贯注做某件事情而忘了时间的时刻,什么样的事情让你如此专注?从以上10项里面总结归纳出共同点、关键词,将它们一一列出。

主题活动:兴趣岛

活动目的:探索自己的兴趣所在。

活动过程:①假定有一次你坐飞机旅行,到了一片岛屿上空,飞机突然出现了故障,你不得不背上降落伞迫降到以下6个岛屿中的一个,这6个岛屿分别生活着不同的人。你最愿意降落到哪个岛上?请按照你的喜欢程度排序,选出最喜欢的3个岛屿:最喜欢,其次,再次。

R岛:自然原始的岛,岛上保留有热带的原始植物林,自然生态保护得很好,也有相当规模的动物园、植物园、水族馆。岛上居民以手工见长,自己种植花果蔬菜、修理房屋、打造器物、制作各种工具。

I岛:深思冥想的岛屿,岛上人迹较少,建筑物多偏处一隅,平川绿野,适合夜观星象。岛上有多处天文馆、科博馆以及科学图书馆等。岛上居民喜好沉思、追求真知,喜欢和来自各地的科学家、哲学家、心理学家等交换心得。

A岛:美丽浪漫的岛屿,岛上充满了美术馆、音乐厅,弥漫着浓厚的艺术文化气息。同时,当地的原住民还保留了传统的舞蹈、音乐与绘画，许多艺术和文艺界的朋友都喜欢在这里找寻灵感。

S岛：温暖友善的岛，岛上居民个性温和，十分友善，乐于助人，社区自成一个密切互动的服务网络，人们互助合作，重视教育，充满人文气息。

E岛：显赫富足的岛屿，岛上居民热情豪爽，善于经营和贸易。岛上的经济高度发展，处处是高级饭店、俱乐部、高尔夫球场。来往者多是企业家、经理人、政治家、律师等，处处和谐繁荣。

C岛：现代天然的岛屿，岛上建筑十分现代化。是进步的都市形态，以完善的户政管理、地政管理、金融管理见长。岛民个性冷静保守，处事有条不紊，善于组织规则。

②按照你选择的顺序，确定你的字母顺序，例如：SIA等。
③谈谈你选择的理由是什么。

二、兴趣是什么

就是同学们对某种事物的喜好与关切，并伴随产生的愉悦情绪体验。例如有的学生喜欢物理课，不喜欢英语课，每当做物理试题的时候，都伴随着愉快的感觉，而面对英语试题的时候则会产生不愉快的体验，并且有一种想逃避的冲动。在心理学领域，兴趣是指个体趋向某种事物，力求认识某种事物的个性心理倾向。它表现为个体对某种事物有选择性的态度，并有积极的情绪反应。

三、霍兰德的兴趣理念类型

美国著名生涯辅导理论家霍兰德（Holland）自20世纪70年代以来，提出一系列的研究假设。他认为职业选择是人格的一种表现,某一类型的职业通常会吸引具有相同人格特质的人,而具有相同人格特质的人对许多生活事件的反应模式也是相似的。他们创造了具有某一特色的生活环境,也包括工作环境。这种人格特质反映在职业上就是职业兴趣。

霍兰德将人的职业兴趣区分为六种类型,分别为:现实型(R)、研究型(I)、艺术型(A)、社会型(S)、企业型(E)和事务型(C)。现实型的人喜欢从事能够亲自动手操作的工作。他们往往喜欢用实际行动而不是言语来证明自己,对于操作机器、制造工具、维修仪器等实践性较强、需要体力、常与物打交道的活动表现出浓厚的兴趣,一般不愿从事与人接触的工作。现实型的人通常具有诚实、谦虚、节俭、踏实肯干、不善言辞的特点。典型职业如司机、厨师、家电维修、运动员等。研究型的人喜欢通过观察、分析、推理等活动研究一些与符号、概念、文字等有关的抽象问题。这一类型的人通常喜欢独立工作,善于从研究事物的规律中抽象出理论,擅长逻辑推理,聪明、理性、好奇心强、富有批判精神,喜欢从事理化、生物、程序设计、社会学等方面的研究工作,而不喜欢充满竞争的工作环境或领导别人。典型职业如工程设计师、化学家、数学家、社会学家等。艺术型的人喜欢自由自在、能够进行创造的工作环境。他们不喜欢受人约束,往往不愿接触模式化的工作,而更愿意通过写作、美术、音乐、舞蹈和戏剧等艺术形式表达自己的情感。艺术型的人通常善于表达,热情而独立,富于想象力和创造力,有直觉力,审美能力强。典型职业如作家、美术家、演员、作曲家等。社会型的人喜欢从事与人接触的工作。他们喜欢与人合作,不爱竞争,愿意主动帮助别人解决困难,关心他人,善于倾听,个性随和、友善、仁慈,善解人意。他们喜欢的工作环境往往是那些需要建立人际关系,通过团队合作、谈话等方式来解决问题的工作环境。典型职业如教师、心理咨询、社会工作等。企业型的人喜欢竞争、愿意冒险。他们往往精力充沛,愿意通过影响他人的方式达到组织或个人的目标。他们的社交能力强,做事积极主动,目的性强,通常充满野心、乐观、自信、善于表达,有较强的成就动机,希望拥有权力,渴望成为受人关注的领导者,喜欢销售、管理、政治等方面的活动。典型职业如销售员、律师、企业管理人员等。事务型的人往往表现为保守谨慎、缺乏弹性、顺从、注意细节。他们不喜欢经常变化、需要创造性的工作,而是喜欢规律性强、有条理的工作。工作中,他们会按部就班,高效认真地完成任务,同时乐于服从领导,能配合别人一起工作,对分内工作尽职尽责。典型职业如会计、秘书、行政助理、图书馆管理人员等。

个人的职业兴趣往往是多方面的,很少集中在某一种类型上。大家可能或多或少地具备所有六种兴趣,只是偏好程度不同。因此,为了比较全面地描绘个人的职业兴趣,通常用最强的三种兴趣的字母代码来表示一个人的兴趣,这个代码就称为"霍兰德代码(Holland code)"。这三个字母间的顺序表示了兴趣的强弱程度的不同。比如SIA和AIS的人具有相似的兴趣,但他们对同一类型事物的兴趣强弱程度是不同的。

四、兴趣与大学专业的选择

"兴趣是最好的老师"这句话,道出了兴趣在专业选择上的重要性,如果选择一个你感兴趣的专业,它可以使你集中精力做事情并且不需要付出太多意志的努力。

如果毕业以后,可以从事一个自己感兴趣的职业,人们就可以全身心地投入工作、探索工作,在自己的工作岗位上取得更大成绩。

经常有对专业不感兴趣的同学,例如,有一个大一的学生叫王伟(化名),像许多学生一样,他在高中只想着考上梦寐以求的大学,对其他事物则秉承着"两耳不闻窗外事,一心只读圣贤书"的古训。在高考志愿填报的时候,对专业的选择也是懵懵懂懂,不知道该选择哪个专业。别人告诉他选喜欢的,但父母告诉他选择一个好就业的。于是王伟听从自己父母的意见,选了计算机专业,因为父母的一个朋友告诉他们计算机将来好就业。进入大学后他发现自己对计算机专业提不起兴趣,而对市场营销特别感兴趣,很喜欢看这方面的书。于是王伟在专业面前陷入了两难境地,到底自己要怎么做?要转专业吗?能够转专业吗?转了专业又不喜欢怎么办?一系列问题困扰着王伟。

这是一个在大学中普遍存在的问题,很多学生在高中阶段抱着考大学的目标奋力拼搏,认为只要考上大学什么都有了,根本就没有关心自己将来的专业选择问题,在选择专业上也是人云亦云,最后随意选择了一个专业,进入大学后才发现自己根本就不喜欢,于是陷入了两难境地。从职业生涯规划的角度,我们一般认为同学们在选择专业的时候,家长的意见要听,老师的意见要听,就业形势要了解,但是决定你专业选择的还是科学的专业兴趣测试,以科学的标准为准绳选择专业,尽量结合其他意见。如果出现专业选择上的冲突,应该以科学的测试为标准。

说到职业兴趣,我们先了解一下什么是幸福。关于幸福的感觉,我们一般的思维是当我们很放松,什么事情也不做的时候最幸福,但是美国心理学教授米哈利经过30多年的潜心研究,访谈了几百位各行各业的人,去探寻是什么令人感到真正幸福和满足。他发现了一个让所有人意外的事实:真正的幸福,往往不是什么事情也不做的时候,相反,而是在人们专心致志地从事某种活动甚至忘我地完全沉浸在这种活动中的时候。这时他们感到时间过得比往常快,也感到最为愉快和满足。

米哈利的这一发现说明,人们的满足感、幸福感往往来源于从事某种活动,而不是无所事事或单纯地享乐游玩。他一直强调要做自己喜欢、喜爱的事情才能够获得快乐,而这恰是工作本身的意义所在。对于大多数人来说,工作将占据他们一生中、一天之中最好的时光。显然,如果我们所学习的专业、所从事的职业、所做的工作是自己喜欢的,那我们的工作和生活会愉快得多。因此职业兴趣的探索有利于我们找到自己真正的幸福。

职业兴趣不是天生的,它的形成与同学们所处的环境条件、实践活动和自身能力有关。同学们的职业兴趣需要你们后天去探寻发现、积极培养,在职业兴趣的培养过程中应当结合社会环境、自身的家庭环境、自身优势与能力,做到优势互补。

1.培养广泛的兴趣,找到自己的优势

高中阶段,同学们的生理、心理各个方面还没有完全成熟,可塑性极强,因此在培养兴趣时,要防止兴趣过于单一,要学会培养自己广泛的兴趣,在可能的范围内,尽力去尝试不同的兴趣。通过自己的亲身实践体验,去感受每种兴趣与自己的契合度。在高中阶段，同学们要意识到自身的优势与兴趣，应该是一个范围、范畴，而不是一个具体的点，因为我们还处于变化成长中。但是也要防止兴趣过于泛滥，分散了自身精力。要有自己的中心兴趣，在中心兴趣基础上培养广泛的兴趣。

2. 坚持自己的兴趣所在，不要被社会与家长的期望所束缚

同学们在培养自己兴趣的过程中，既要考虑社会现实的就业问题，又要考虑家长的殷切期望，但是要防止出现被束缚甚至被"绑架"的现象，这两个方面仅仅是作为参考而已。在现实社会中，往往存在着"物质主义""金钱主义"等不好的社会现象，同学们在选择自己兴趣的时候，可能会被社会的这种风气影响，倾向于选择所谓的有"钱"途的专业。家长们也常常根据自己的亲属在哪方面工作，将来容易安排工作为依据，强迫自己的孩子选一个不喜欢的专业。有些学生人云亦云，听从同学老师的观点强行改变自己的初衷，选择一些所谓的"热门专业"。

这些都是不可取的，因为时代的变化非常快，就业形势也瞬息万变，根本就没有永恒的"热门专业""有'钱'途专业""好就业专业"。就算存在这些专业，姑且认为现在是这种形势，谁又能够保证当你毕业的时候还是呢？因此，在兴趣与专业的选择上，最根本的是你自己真真切切的兴趣所在，这才是你选专业的标准。

3. 秉持素质教育的理念，多接触社会，多参加社会实践培养自己的兴趣

应试教育培养出来的人才，已经不能完全适应社会的快速

发展,同学们要摒弃原有的"分数为上"的思想,积极地参加学校里的社会实践活动以及多了解社会。

将自己的职业兴趣培养,付诸实践体验,通过实践活动接触社会,去发现自己的兴趣所在,同时也去检验自己的兴趣所在。养成一种实践的习惯,做到思行结合,体验感悟真实的世界,这样才能够真正地培养自己的兴趣。

第四节　职业价值观澄清

一、探索活动

热身活动:生命中的五样东西

活动目的:认识自己所看中的东西是什么,学会选择与放弃。

活动过程:①写出你生命中最重要的五样东西,题目就叫:我生命中的五样东西。②在纸上写下你生命中最重要的五样东西,这五样东西可以是实物,例如宠物、食物、水等看得见摸得着的东西,可以是个人的理想、信念、健康、幸福等抽象的东西。③不必考虑顺序,找出最重要的五样东西就可以。④写完之后与同学们分享,讨论、思考相互之间的异同点。

发展活动:火光熊熊

活动目的:明确自己的价值观,理解他人的价值观。

活动过程:现在你的宿舍正在被烈火吞噬,情况危急,时间只够你冲进火场去拿三样东西出来。①你会选择哪三样?②先后顺序是怎样的?③为什么选择这三样?④它们对你有什么价值？⑤还有没有重要的物品没抢救出来？与同学们相互讨论思考各自的结果。

主题活动：价值拍卖

活动目的：澄清自己所重视的价值。

活动过程：①拍卖的物品共有 15 个，分别是：爱情、自由、健康、美餐、美貌、快乐、权利、友情、房子、爱心、大学毕业证、财富、汽车、亲情、长命百岁。②每个同学手里面都有 1 万元代币券，每一件东西起拍价为 500 元，每次加价不得低于 100 元。③开始拍卖。④拍卖结束以后，思考讨论每一个人所得到的东西，分享当时与现在的感受。

二、价值观

从小到大我们一直被问一个问题："当你长大了，你想干什么？"问我们的有父母，有老师，有亲戚，甚至是我们自己。我们也是伴随着问题的答案长大的："我要当科学家。""我要当数学家。""我要研究天上的星星。""我要当医生，为我妈妈看病。"每一个学习阶段，我们都有自己的梦想与理想。其实在这些梦想的背后，始终有一个东西决定着你的选择，那就是价值观。不管你是否意识到所确定的梦想的依据，但背后往往是你比较看重的东西，这就是我们的价值观。它往往会影响同学们对周围的客观事物，包括人、事、物以及社会的意义、重要性的总体评价，即同学们看重什么，认为什么是重要的，什么是你真正追求的。

同学们需要注意的是，在我们心理学范畴内，价值观本身没有好坏之分，哪怕你把金钱作为唯一目的去追逐，也无可厚非。因为我们每个人都是独特的，梦想都不一样，也正是这些才构成了我们丰富多彩的世界。在坚守自己的价值观的时候,只要我们不触犯法律底线与道德标准,我们就可以坦然地去追求我们所看重的东西。

三、职业价值观

职业价值观也称为职业观,是指同学们对某一特定职业的根本看法和态度,它是个体对职业的根本观点,是一个人的世界观、人生观、价值观在职业问题上的反映。每一个人到了一定的年龄阶段,就会进入社会选择一份职业,获得谋生的机会与权利。由于环境的不同,同学们在对待自己的理想与职业方面观念差别很大。

四、职业生涯

职业生涯就是以满足我们个体需求为目标的工作经历,包括工作内容的确定和变化、工作业绩的评价、工作待遇以及职称职务的变化等。或者可以说职业生涯,就是你从事职业、工作的阅历。从职业生涯规划的角度看,有一句话值得同学们去思考:性格决定你适合什么,能力决定你能做什么,兴趣决定你喜欢什么,价值观决定你看重什么。人生发展到一定阶段,职业价值观的重要性甚至超过其他三种。

在职业生涯价值观的引导下,做好内职业生涯或外职业生涯。外职业生涯指的是职业的工作单位、地点、内容、时间以及职务职称、工资待遇、荣誉称号等。这些外职业生涯因素往往是他人给予的认可与肯定,主导因素是外在的,因而也容易得而复失,不能真正成为同学们自身的东西。比如,你在某一个公司里的薪资,随时都有可能减少或增加;你的职位随时都有可能降低或提升。当然,外职业生涯的成长历程在一定程度上反映着同学们的自身能力,这也是体现自我价值的一个重要方面。

内职业生涯是指在职业生涯发展过程中,通过实践工作、职业体验而获得的自身素质的提高与职业技能的增强,以及个人的综合能力与地位荣誉。它与外职业生涯的区别在于内职业生涯的收获别人无法替代或剥夺。内职业生涯,在一定时间内具有一定的稳定性、延续性与相对独立性,它的成长也比较缓慢,需要同学们在工作中艰辛探索、实践、思考。以同学们的班级职务来说,同学们担任的班长或者团支书实际上就属于外职业生涯因素,同学们在担任职务的过程中所学习到的知识、能力以及综合素质就属于内职业生涯因素。等到同学们毕业的时候,虽然班长的职务没有了,但是同学们所获得的综合素质却没有任何变化,这就是内外职业生涯的区别。

在职业生涯管理的过程中,同学们应将注意力与着眼点放在内职业生涯的开发上,将职业生涯的目标定位在内职业生涯上。对外职业生涯,要有豁达的心态,相信只要是千里马,伯乐终究会出现的。这样,才不至于为了追求外职业生涯的薪资、职务而迷失了自己。

第五节　自我肯定与生涯信念

《孙子兵法》中有句经典谋略之语"知己知彼,百战不殆",说的是在战场上,做到了解自己、了解对手,就能战无不胜、攻无不克。在职业生涯规划的过程中,同学们要知己知彼,需要做四部分工作,分别是自我探索、职业探索、社会探索、生涯信念确立。其中,自我探索属于"知己";职业探索、社会探索属于"知彼"。生涯信念确立是在知己知彼的基础上做统筹谋略,树立必胜的信念。

一、什么是自我肯定

要自我肯定,首先要认识自我,这对我们每一个人来说都是一个永恒的话题。人本身的灵性与复杂性造成了认识自我的漫长性,甚至延续一生。在心理学领域,自我一般包括四部分内容:生理自我、心理自我、社会自我、道德自我,这四个部分相互影响、相互依存,对自我的肯定实际上就是对以上自我内容的认可。

1. 了解自我

生理自我,实际上就是同学们对自己相貌、体型、身高、体重以及生理健康状况的认识与感受。同学们正处于青年时期,往往对生理自我要求较高,特别是受到某些电影、电视剧中偶像人物的影响,对自己的生理状况缺乏自信。在残疾人奥运会上,当我们看到他们拼搏的身影与喜悦的泪水时,我们应该意识到自身的生理特点并不具有决定意义,重要的是我们对自身特点的认知与感受,只要你认为自己是漂亮或帅的,那么就真的是。

心理自我,是同学们对自己心理品质与特点的认识与体验,包括自己的性格、能力、兴趣、态度、爱好等心理特征。比如,有的同学羡慕外向的人的侃侃而谈,认为内向是一种缺点,对自己的内向感到无助与自卑。其实在心理学领域,内外向并不存在绝对的界限,而且没有好坏之分,只不过内心的体验不同而已。外向的人注意力朝向外部,喜欢与人打交道,并且同学们一眼都能够看到他的言行,因而显得略有优势;内向的人注意力朝向内部,往往心思缜密、体验丰富,因为优势常常不为外人所见,所以给人以不善言辞的假象,实际上世界著名的作家偏内向的居多,否则不可能有那么多深刻的精神体验与伟大的著作。

社会自我,是同学们对自己的人际关系、社会中的角色以及社会的评价的认识与感受。例如,对自己的名声、威望、威信,别人给予的尊重和信任,集体中的位置与作用的体验与感受。同学们社会自我的感觉更多的来自与同学、老师的交流过程中,他们给予的不经意间的明显的或不明显的反馈;在与父母的沟通过程中,父母语言或非语言的反应;在社会生活与交往中,同学们与接触的人互动的感受。

道德自我,是同学们对自己遵守道德行为规范、遵守社会规则、遵纪守法、生活和思想作风的认识与评价,同时它也是社会道德规范内化的过程。比如,当同学们在公交车上碰到老年人的时候,如果你认为自己是个有礼貌的人,你就会让座,否则你就会心安理得地坐着。有时个人的行为选择就在那一瞬间,把自己归为一类与另一类所做出的行为可能会完全不同。

2. 了解自我肯定

在自我成长的过程中始终有两样东西伴随着我们成长,那就是自信与自卑。这"兄弟"两个非常有意思,它们之间存在着此消彼长的特性,并且交替出现,一段时间甚至一天之内,刚才还自信满满,一会儿就垂头丧气,感觉自己一无是处。其实,自信与自卑的产生更多地与同学们看事情的角度有关系,并且二者都会带来情绪上的变化。很多同学向往凡事都成功,害怕失败。其实,对自信与自卑有一个形象的比喻:成功就相当于盖楼房垒砖,垒得越高自信越大;失败就相当于楼房打地基,失败越多地基可能越牢固。两者缺一不可。如果同学们只是一味地强调成功,那么这样的楼房一旦遇到挫折,将会轰然倒塌。

自信与自卑的产生源于现实自我与理想自我之间的冲突。现实自我,即现实生活中的自我状态——喜怒哀乐俱全。自己长相一般,学习不是太好,偏科严重,老师对我们不冷不热,父母埋怨我们不用功等。甚至如果有的同学比较较真,往往会发现优点与缺点并存,并且缺点多于优点。其实,现实本身就是多彩的、不同的、平凡的,也就是这一点才造就了丰富多彩的世界,才让世界看起来生机盎然。

理想自我,往往会完美无缺,构建了一幅浪漫童话般的世界。在这个世界中,我们学习都非常好,每一门功课都学得非常棒,人际关系非常好,同学们都羡慕我们,所有老师都很喜欢我们,父母给予我们充分的认可与自由等。就是因为过于完美,所以理想自我与现实的差距比较大,这也是我们往往感到自卑的原因所在。

当现实自我与理想自我发生冲突,造成同学们情绪波动时,同学们可以有三种方法去调节自己的情绪进而肯定自己。第一种方法,就是想办法解决现实中碰到的问题,如果某一门课自己比较薄弱,就用更有效的方法、更多的时间去学习这一门课。第二种方法就是将自己的期望值调低到合适的位置,缩小理想自我与现实自我的距离。在学习的提高过程中切忌一开始就定过高的目标与完美的计划,这样只会让自己产生挫败感，不利于成绩的提升。正确的做法是，以小的进步与小目标开始，逐渐培养自己的自信，循序渐进地进行学习。第三种方法，当问题无法解决的时候，我们应该学会换一种眼光看待自己所面对的困难，调整自己的认知，以积极的视角看待问题。

在自我肯定的过程中，我们首先要做到自我接纳，简而言之，就是无条件地爱自己、喜欢自己，认可自己的价值与存在。我们应该清楚地知道，我们会有不足，可以失败，可以不完美。失败与错误是正常的过程，是新的起点。我们应该将注意力集中到做事情的过程中，关注过程、体验过程，不要过于注重结果的成败，否则容易患得患失，容易分散我们做事情的注意力。这样，当我们集中注意力于做事情的过程而非结果的时候，我们就敢于尝试多种可能性，敢于接受开放的结果，这才是真正的自我肯定。

二、什么是生涯信念

很多学生的问题根源在于高中阶段没有一个清晰的专业选择与定位，没有自己的生涯规划，高考填报志愿时专业选择很随意，导致大学期间对专业不感兴趣，从而陷于苦恼之中。其实，生涯信念的确立与规划应该从高中阶段开始，因为高中毕业时你面临着专业选择、学校选择、学校的地缘选择以及你将来从事的行业的考虑。这些事情如果等到大学阶段去做，会导致有些选择已经无法改变，这样会影响同学们一生的成长路径与轨迹。因此，生涯信念的确立应该从高中阶段开始。

1. 了解生涯信念

庄子在自己的著作中有一句话"吾生也有涯，而知也无涯",意思是我的生命是有限的,而学习知识是无限的。这里的生涯就是广义上的生涯,即我们每一个人的全部生命历程。生涯的英文是career,它的意思是疯狂竞赛的精神,后来引申为人生的发展道路。由上可知,生涯就是我们每一个人终身发展的历程与生活模式。

它有三个维度,分别是生涯的长度、生涯的广度、生涯的深度,分别代表着每一个人生涯的历时长度,每一个人所扮演角色的多少,每一个角色投入的深度。人的一生扮演的角色非常多,为人子女、为人父母、作为学生、作为下属、作为公民等。我们要学会在不同的角色之间进行转换,防止出现角色错位或角色不当。

在同学们高中阶段的众多角色当中,有两个重要的角色即高中生的角色与准大学生的角色要做好。高中生的角色要求同学们努力好学,精通文理各科知识,为进一步学习专业知识做好准备。准大学生的角色要求同学们确立生涯信念,了解自己,了解大学的专业设置,为将来专业的选择与学校的选择做好充足的准备。在高中阶段,树立生涯的信念,找到适合自己的专业甚至比学习本身更重要。

2.确立生涯信念

同学们要明确,生涯信念的确立与规划当中,包括的内容远非职业一种,它包含自身健康的规划、工作职业的规划、人际关系的规划、心智成长的规划、家庭婚姻的规划、休闲生活的规划、理财规划等。同学们在高中阶段所要关注的是为将来职业做好准备,为自己的大学学习定好专业,在学习专业趋向确定以后,再粗线条地谋划其他几个部分。因为社会在变、思想在变,我们只能确定好大致方向与趋势,将注意力放到选择的范围内,而非做到具体细微。在生涯信念的确立与规划过程中,特别是在职业生涯规划的早期,同学们要将注意力集中到自己的内职业生涯发展中,因为内职业生涯相比外职业生涯往往受外界的影响较小,并且内职业生涯的发展对于提高自身素质与能力具有重要意义。

在生涯信念的确立与早期规划中,同学们要防止走入以下误区:自然发生误区,最常出现的是在专业填报时,未做深入自我考虑,只是根据别人的意见草草了事,等进入大学才发现自己根本就不适合,遗憾终生;目前趋势误区,往往根据目前的热门专业、热门行业、就业前景最好的专业选择,根本就没有考虑自己的兴趣与能力;捷径误区,有的同学害怕数学,往往选择最容易的科系或专业,希望能够轻松毕业,或者为了进入大学,走艺术路线或体育路线,但往往自己又不喜欢,这样会误导自己将来的职业选择;拜金主义误区,盲目选择所谓的好赚钱的专业或行业,根本没有考虑这份工作自己是否喜欢,工作带来的压力自己是否能够承受;刻板印象误区,没有做深入了解就人云亦云,认为做某些专业有地位、有面子,轻松悠闲,而另一些工作则辛苦、低级、收入不高。"这个世界唯一不变的就是变",同学们在选择专业时,要以不变应万变,所谓不变就是自己,要找到最适合自己的专业,谋划未来职业。专业与未来职业没有最好的,只有最适合的。

第三章　了解职业世界

第一节　职业概况

一、职业

(一)职业声望

美国社会学家舒尔兹认为,"职业"是一个人为了不断地取得收入而连续从事的具有市场价值的特殊活动,这种活动决定着从业者的社会地位。

职业具有五个方面的要素:①职业名称;②职业主体,指从事一定社会分工活动的劳动者,必须具有承担该职业活动所需要的资格和能力;③职业客体,指职业活动的工作对象、内容、劳动方式和场所;④职业报酬,通过职业活动所取得的各种报酬;⑤职业技术,劳动者在从事职业活动时所运用的自然技术、社会技术与思维技术的总和。

《中华人民共和国职业分类大典》详细地介绍了每种职业的工作内容、职业概况、基本素养等内容。以动画绘制员为例:动画绘制员指运用动画专业的技巧和方法,独立进行动画方面的绘制工作。

职业内容包括:领会和贯彻设计意图和技术要求;动画角

色造型的绘制;动态中间图的绘制;不同场景的绘制。

职业等级包括:中级动画绘制员(国家职业资格四级);高级动画绘制员(国家职业资格三级);动画绘制师(国家职业资格二级);高级动画绘制师(国家职业资格一级)。

职业概况:根据国家广电总局统计数据,2021年全国制作发行电视动画片332部,7.99万分钟,制作时间同比下降31.53%;播出电视动画片时间45.24万小时,同比增长1.41%。作为动画实现的关键职业,动画绘制员已成为稀缺职业。动画绘制员是动画影视片制作队伍中人数最多、最基础的专业人员。动画绘制员的工作是将动画设计师设计的关键动作间的动作过程连续绘制完成,只有动画绘制员绘制的画稿才真正体现在银幕或屏幕上,且直接影响整部动画片的质量。

不同职业间在工作内容、强度、收入状况、从业人员水平、专业技能、权利、义务等方面的差异,使人们对不同职业的地位具有不同看法和态度。决定职业声望高低的基本要素主要包括:①职业的社会功能:指一定职业对社会的作用,即其社会责任、权利、义务、重要性。职业的社会功能越大,任职条件越高,声望评价就越好,职业层次相对就高。②职业社会报酬:指职业提供给任职者的工资、福利待遇、晋升机会、发展前景。一般而言,社会报酬好的职业,受社会和从业者的青睐,声望评价也高。③职业自然条件:指与职业活动相关的自然工作环境,如技术装备、劳动强度、安全系数等。职业自然条件好,工作效率相对就高,容易出成就,职业层次也高。④职业要求:指一定职业对任职者各项素质的综合要求。职业对人的要求越高,达到的难度就越大,被人替代的可能性就越小,工作就越稳定,职业社会层次就越高。职业声望是以上四项要素的综合反映作用的结果。

(二)观察职业的四个维度

1. 个人

职业对从业者会有知识、技能和态度等方面的要求,一个人的个性特征和价值观影响着他的职业选择和发展进程,因此,在选择职业时,不仅要了解职业,还要进行自我探索,判断二者是否匹配。

2. 组织

人总是希望在一定的组织中获得职业,组织是职业发展的载体,为职业发展提供了情境。同一个职业,在不同的组织中,工作内容和发展路径也不尽相同,了解组织的特点及该组织员工职业生涯规划和管理的方式,是选择职业的基础。

3. 公众体

如当地机构、专业协会或国际组织等对某类职业制定的专门的行业规范。

4. 社会

政府通过制定就业法规、就业政策等影响人们的就业环境和就业方式。

(三)职业的分类

按照一定的规则将职业分类,有利于同学们进一步了解工作世界的概貌。目前对职业分类应用广泛的是霍兰德(John Henry Holland),美国著名的职业指导专家的职业环境分类,以下两种分类方法均建立在霍兰德的职业兴趣理论基础之上。

1. 中国就业培训技术指导中心的分类

中国就业培训技术指导中心职业素质测评系统把职业依据资料—观念、事物—人际两个维度区分出主要四个象限。

每个象限的职业特点和典型职业如表3-1所示。

表3-1

序号	类型	典型职业举例
1	高事物＋高观念型	动画设计技师,首饰设计制作师
2	高观念型	家庭健康顾问、园林规划建造师
3	高人际＋高观念型	心理咨询师、节目主持人
4	高事物型	提琴制作工、电影放映员
5	所有特征均不明显型	冷拉丝工、输油工、配料工
6	高人际型	民航乘务员、列车员、导游员
7	高事物＋高资料型	IT硬件维护技术师组合机床操作工
8	高资料型	速录师、货运核算员
9	高人际＋高资料型	企业经理、科研单位负责人

2. 美国大学考试中心工作世界地图

美国大学考试中心（American College Testing,简称ACT）通过共同特性对500多种职业进行分类合并,制作了一个职业分类表,呈现了6种工作分组和23种工作分类。

这种分类方法对指导学生选择学科专业的帮助更直接。

（1）商务往来工作组群（E）

在霍兰德的职业性向理论中,E是企业型（Enterprising）的缩写,这类职业要求具备经营、管理、劝服、监督和领导才能,以实现机构、政治、社会及经济目标的工作,并具备相应的能力。这类职业包括:

A.市场与销售工作系列

旅行代理人,探访顾客的销售员(房地产和保险机构代理人,股票经纪人,农产品、办公用品和医疗设备销售员),采购员,商店中的售货员,派送(牛奶等)司机。

B.管理与规划工作系列

商店、汽车旅馆、饭店和农业综合企业经理,办公室监管员,购买代理人,大公司经理,娱乐/公园经理,病例档案管理者,城市规划者。

(2)商务操作工作组群(C)

在霍兰德的职业性向理论中,C是常规型(Conventional)的缩写,这类职业要求注意细节、精确度,有系统、有条理,具有记录、归档、根据特定要求或程序组织数据和文字信息的高能力。

C.记录和沟通工作系列

办公室、图书馆、饭店以及邮局的职员,接待员,电子图书管理员,办公室、医学和法律秘书,法院书记官,病例记录技术员。

D.财务工作系列

博记员,会计,杂货店结账员,银行出纳员,售票代理人,保险商,金融分析员。

E.储存与深送工作系列

运送和接收职员,邮递员,卡车、出租车和飞机调度员,货运代理人,空中交通管制员。

F.商业机械/电脑操作工作系列

计算机控制台打印机等操作员,办公室设备操作员、打字员,文字加工设备操作员,统计人员。

(3)技术工作组群(R)

在霍兰德的职业性向理论中,R是现实型(Realistio)的缩写,这类职业要求喜欢使用工具、机器,需要基本操作技能的工作。要求具备机械方面才能、体力或对从事与物件、机器、工具、运动器材植物、动物相关的职业有兴趣,并具备相应能力。

G.交通工具操作与维修工作系列

公共汽车、卡车和出租车司机,汽车、公共汽车和飞机机械师,升降机操作员,海运官员,飞机驾驶员。

H.建造与维护工作系列

木匠,电工油漆匠保管员(看门人),瓦匠,钣金工,推土机和起重机操作员,建筑监理员。

I.农业与自然资源工作系列

农民,林务员,农场工作者,园丁,树木整形专家,苗圃工,宠物商店服务员。

J.手工艺与相关服务工作系列

厨师,屠夫,面包师,修鞋匠,钢琴/风琴调协者,裁缝,珠宝商。

K.家庭/商业设备维修工作系列

电视机、家用电器、打字机、电话、供暖系统、影印机等的修理工。

L.工业设备操作和维修工作系列

机械师,印刷工,缝纫机器操作员,焊接工,工业机械维修员,产品油漆匠,工厂工人和机器操作员,矿工,消防员等。

(4)科学工作组群(I)

在霍兰德的职业性理论中,I是研究型(Investigative)的缩写,这类职业要求具备智力或分析才能,将其用于观察、估测、衡量、形成理论并最终解决问题的工作,而且具备相应的能力。

M.工程和其他应用技术工作系列

各领域中的工程师和工程技术人员,生物和化学实验室技术人员,电脑程序员,电脑服务技术人员,绘图员,调查员,技术说明者,食品技术专家。

N.医学专家和技术工作系列

口腔卫生专家,EEC和EKC技师,眼镜制造者,修复专家,X射线技术专家,医学技术专家,牙科医生,验光配镜师,药剂师,普医。

O.自然科学和数学工作系列

农学家,生物学家,化学家,生态学家,地理学家,地质学家,园艺家,数学家,物理学家。

P.社会科学工作系列

市场研究分析人员,人类学家,经济学家,政治学家,心理学家,社会学家。

(5)艺术工作组群(A)

在霍兰德的职业性向理论中,A是艺术型(Artistie)的缩写,这类职业要求具备艺术修养、创造力、表达能力和直觉,并将其用于语言、行为、声音、颜色和形式的审美思索和感受,具备相应的能力。

Q.实用艺术(视觉的)工作系列

花卉设计者,商品展示员,商业艺术家,时尚设计师,摄影师,室内设计师,建筑师,环境美化设计师。

R.创造性/表演艺术工作系列

演艺人员(喜剧演员等),演员,舞蹈家,音乐家,歌唱家,作家,艺术、音乐教师。

S.实用艺术(书面的与口头的)工作系列

广告设计稿员,唱片骑师,法律助手,广告文案管理员,译员,记者,公共关系工作者,律师,图书管理员,科技作家。

(6)社会服务工作组群(S)

在霍兰德的职业性向理论中,S是社会型(Social)的缩写。这类职业是要求与人打交道的工作,能够不断结交新的朋友,从事提供信息、启迪、帮助、培训、开发或治疗等事务,并具备相应能力。

T.一般卫生保健工作系列

护工,牙医助理,有执照的护士,理疗助手,注册护士,营养学家,职业治疗师,内科医生,言语病理学家。

U.教育和相关服务工作系列

教师助手,幼儿园教师运动教练,大学教师,指导生涯等的咨询员,小学和中学教师,特殊教育教师。

V.社会和政府服务工作系列

警卫,娱乐领导者,警官,健康/安全/食物等的监督员,儿童福利工作者,家政学家,康复咨询员,社会工作者。

W.个人/消费者服务工作系列

杂货装袋员,旅馆侍者,飞机服务员(男女服务员),男女侍者,美容师,理发师,男管家和女仆。

二、职场趋势

(一)高质量的就业

1.人人都需要"好工作"

根据盖洛普公司进行的全球民意调查,世界上所有的人最需要的就是一份"好工作"。所谓的"好工作",是能够满足人们需要的工作量的工作,也就是全职的工作,是有稳定收入、可靠保障的工作,当然也是人性化的、体面的、有尊严的工作,这通常也被称为"正规的工作"。这也是国际劳工组织提出的"体面就业",或是高质量的就业。高质量的就业是一个衡量劳动者在整个就业过程中就业状况的综合性概念,反映了劳动者在就业机会的可得性、工作稳定性、工作场所的尊严和安全性、机会平等收入及个人发展等有关方面的满意程度。

2.青年就业形势并不乐观

根据国家统计局数据显示,1至11月份,全国城镇调查失业率平均值为5.6%。自2021年10月以来青年失业率出现持续、加速的攀升,已是有历史数据以来的最高值。16—24岁青年人口调查失业率为18.4%,31个大城市城镇调查失业率为6.9%,均继续上升增加0.2个百分点。2022年中国大学毕业生达到1076万人,比2021年增加了167万人,在毕业季,大学毕业生集中进入劳动力市场,再加上回国的约60万名留学生,可能会进一步加重就业压力,中国青年失业率将进一步上升。

(二)我国重点领域的紧缺人才

根据《国家中长期人才发展规划纲要(2010—2020年)》,我国将大力开发经济社会发展重点领域急需紧缺专门人才,到2020年,在装备制造、信息、生物技术、新材料、航空航天、海洋、金融财务、国际商务、生态环境保护、能源资源、现代交通运输、农业科技等经济重点领域培养开发急需紧缺专门人才500多万人;在教育、政法、宣传思想文化、医药卫生、防灾减灾等社会发展重点领域培养开发急需紧缺专门人才800多万人。

国家在推进十二项重大人才工程:创新人才推进计划;青年英才开发计划;企业经营管理人才素质提升工程;高素质教育人才培养工程;文化名家工程;全民健康卫生人才保障工程;海外高层次人才引进计划;专业技术人才知识更新工程;国家高技能人才振兴计划;现代农业人才支撑计划;边远贫困地区;边疆民族地区和革命老区人才支持计划;高校毕业生基层培养计划。

三、不确定的职业世界

职业世界越来越具有不确定性,许多职业的生命周期越来越短,新职业产生的速度也越来越快。

在职业产生的初期,职业种类少,发展缓慢,在封建社会的初期(周朝),职业与行业是同义语,被分为六大类:王公(发号施令的统治者)、士大夫(负责执行的官吏)、百工(各种手工业工匠,如木工、金工,加起来不过三四十种)、商旅(商人)、农夫(种田人)、妇工(纺织、编织的妇女)。隋朝100个行业,宋朝220个,明朝300多个,当时人们把社会职业分工统称为三百六十行。现在全世界的职业种类已超过45000种。职业更新的速度越来越快,技术创新的周期越来越短,在美国,近15年已淘汰了8000种职业,同时又产生了6000多种新职业。

随着新技术、新工艺和新产品的出现,必然导致新旧职业的交替和新职业群体的产生。如随着计算机技术的发展,形成了一批计算机职业群体,是计算机的硬件和软件开发人员,如计算机设计人员、专业软件开发人员,这个群体主导着计算机产业的发展方向。二是计算机为职业的从业人员,如网络管理人员、电子报刊编辑,这一群体反映计算机的应用程度和水平。三是与计算机相关的职业人员,如金融、保险等,这些职业和人员分布在各行各业,这一群体反映计算机的普及程度。科学技术的进步不仅推动了职业的发展,也影响着职业发展的趋势。

当今,职业世界和工作场所不断发生重大变化,具体表现为:①全球化经济的影响。如今天,相当多的公司都把其触角由国内伸到国外。②工作流动更加频繁。在多种工作之间流动成为可接受的事实,每份工作的在职时间有下降的趋势。③远程办公。远程办公的职员可以在世界上任何一个地方工作。④职业世界变化越来越快,职业的生命周期越来越短,新职业产生的速度也越来越快。⑤技术革新。适合组织内迅速出现的技术变化将是每个人的核心本领之一。⑥个性化就业促进职业流动加快。⑦网络普及增强工作灵活性。如在家办公成为流行趋势,节约了办公成本,增加了员工的自主性。⑧观念更新破除性别,职业的性别烙印越来越不明显。

职业活动将发生功能性变化或工作范围、方式和内容的调整。有些新职业是指随经济社会发展和技术进步而形成的全新的职业,还有一类职业是"更新职业",是指原有职业内因技术更新产生较大变化,从业方式与原有职业相比已发生质的变化,工程师以前使用笔、尺等工具工作,现在运用专门的软件进行设计。再比如教师,原来板书很重要,现在使用多媒体。科技进步正引领职业标准不断更新。

互联网技术和电子通信提高了国家间的信息交流,在全球经济融合中,在职场中,以下能力越来越重要:①最基本的学术技能,比如数学能力、写作能力、阅读能力。②适合性技巧,比如对问题的认识和界定、解决问题的能力、人际关系、学习能力、分析能力和完成任务的能力。③转变的能力,学会学习应急能力、自我激励和自我评价的能力。

第二节　如何选择职业

职业给人带来社会地位、经济收入和发挥个人才能的机会。在选择职业时,如能择我所爱、择己所强,不仅有利于个人的成长,获得合理的回报,还能让自己乐在其中,提高生活的满意度。

一、兴趣与职业

所谓"知之者不如好之者,好之者不如乐之者",说的是兴趣是人们活动的原动力。美国芝加哥大学心理学教授米哈利(Mihaly Csikszent)通过研究发现,当人们专心致志地、积极地从事某种活动,并且忘记了时空和自己的时候,最容易感到愉快和满足。这一发现说明,人们的满足感、幸福感往往来源于从事某种活动,而不是无所事事或单纯享乐游玩。他一直强调要做自己感兴趣的事情才能获得快乐,这也是职业活动获得意义的关键。那么,什么是兴趣?兴趣可以培养吗?高中生如何发现和培养有益的兴趣?兴趣可以不断改变吗?

(一)兴趣的作用

兴趣指的是人们在从事各种活动时体验到的乐趣和满足感。在职业中,兴趣能使人们工作目标明确、积极主动,从而自觉克服各种艰难困苦,获取工作的最大成就,并能在活动过程中不断体验成功的愉悦。

对正在进行的活动起推动作用。它可以使人集中精力去获得知识,并创造性地完成当前的活动。兴趣能促进能力的发展,人对于自己感兴趣的事情往往会优先注意或者集中注意力,不但容易记住,还会推动自身更深入地了解它并努力培养和掌握相关能力。

诺贝尔物理学奖获得者、美国著名华人学者丁肇中教授就曾经深有感触地说:"任何科学研究,最重要的是要看对自己所从事的工作有没有兴趣。换句话说,也就是有没有事业心,这不能有任何强迫。比如搞物理实验,因为我有兴趣,我可以两天两夜甚至三天三夜在实验室里,守在仪器旁,我急切地希望发现我所要探索的东西。"

(二)兴趣的分类与澄清

霍兰德职业兴趣分类。美国著名的生涯辅导理论家霍兰德(Holland)自20世纪70年代以来,提出了一系列的研究假设。他认为:①职业选择是人格(personality)的一种表现,某一类型的职业通常会吸引具有相同人格特质的人,这种人格特质反映在职业上就是职业兴趣。②兴趣可以归纳为六种类型,即实用型(Realistic type,简称R)、研究型(Investigative type,简称I)、艺术型(Artistic type.简称A)、社会型(Social type.简称S)、企业型(Enterprising type,简称E)和事务型(Conventional type，简称 C）。③个人的职业兴趣往往是多方面的，很少只集中在某一种类型上，大家可能或多或少地具备所有六种兴趣，只是偏好程度不同。因此，为了比较全面地描绘个人的职业兴趣，通常用最强的三种兴趣的字母代码来表示一个人的兴趣，这个代码就称为"霍兰德代码"（Holland code）。这三个字母间的顺序表示了兴趣强弱程度的不同。比如，SAI 和AIS 的人具有相似的兴趣，但他们对同一类型事物的兴趣强度是不同的。见表 3-2。

表 3-2 霍兰德职业兴趣类型

类型	喜欢的活动	重视	职业环境要求	类型职业
实用型 R Realistic	用手、工具、机器制造或修理东西；愿意从事实物性的工作、体力活动，喜欢户外活动或操作机器，而不喜欢在办公室工作	具体实际的事物，诚实、有常识	使用手工或机器技能对物体、工具、机器、动物等进行操作；与"事物"工作的能力比与"人"打交道的能力更为重要	园艺师 木匠 汽车修理工 工程师 军官 兽医 足球教练员
研究型 I Investigative	喜欢探索和理解事物；喜欢学习研究那些需要分析、思考的抽象问题；喜欢阅读和讨论有关科学性的论题；喜欢独立工作，对未知问题的挑战充满兴趣	知识；学习；成就；独立	分析研究问题；运用复杂和抽象的思维创造性地解决问题的能力；谨慎缜密；能运用智慧独立地工作；一定的写作能力	实验室工作人员 生物学家 化学家 心理学家 工程设计师 大学教授

续表

类型	喜欢的活动	重视	职业环境要求	类型职业
艺术型 A Artistic	喜欢自我表达；喜欢文学、音乐、艺术和表演等具有创造性、变化性的工作；重视作品的原创性和创意	有创意的想法；自我变化；自由；美	创造力；对情感的表现能力；以非传统的方式来表现自己；相当自由，开放	作家/编辑 音乐家 摄影师 厨师 漫画家 导演 室内装潢设计师
社会型 S Social	喜欢与人合作，热情关心他人的幸福，愿意帮助别人成长或解决困难，为他人提供服务	服务社会与他人；公正、理解、平等；理想	人际交往能力；领导、医治、帮助他人等方面的技能；对他人表现出精神上的关爱；愿意担负社会责任	教师 社会工作者 牧师 心理咨询师 护士
企业型 E Enterpeising	喜欢领导和支配别人；通过领导、劝说他人或推销自己的观念、产品而达到个人或组织的目标	希望成就一番事业；经济和社会地位上的成功；忠诚、管理精神；责任	说服他人或支配他人的能力；敢于承担风险；目标导向	律师 政治运动领袖 营销商 市场部经理 电视制片人 保险代理

续表

类型	喜欢的活动	重视	职业环境要求	类型职业
事务型 C Conven-tional	喜欢固定的、有秩序的工作或活动；希望确切地知道工作的要求和标准；愿意在一个大的机构中处于从属地位；对文字、数据等事务进行细致有序的系统处理以达到特定的标准	准确；有条理；节俭；盈利	文书技巧；组织能力；听取并遵从指示的能力；能够按时完成工作并达到严格的标准；有组织有计划性	文字编辑 会计师 银行家 办事员 税务员 簿记员 计算机操作员

请注意,在表3-2中"实用""事务"等只是霍兰德用来概括某一人格特征的词语,在这里有特定的含义,与我们日常用语中的含义不完全等同,因此,不要受我们日常短语的褒贬含义误导。另外,在阅读每一种类型的复述时,要知道这些特质的描述是一种理想的、典型的形式,不可能恰好完全符合个人的情况。

(三)兴趣的养成

高中阶段高中生应学会培养自己的兴趣和爱好,才能更好地探索适合自身的职业。兴趣的养成是一个循序渐进、量变到质变的过程。

1.增加知识储备是培养兴趣的基础

兴趣可以在学习、活动中发生和发展起来。知识是兴趣产生的基础条件,因而高中生要培养某种兴趣,首先就应有某种知识的积累。如要培养写诗的兴趣,就应先接触一些诗歌作品。体验一下诗歌美的意境,了解一点写诗的基本技能,这样就可能诱发出创作诗歌习作的兴趣来。可以说,知识越丰富的人,兴趣也越广泛,而知识贫乏的人,兴趣也会是贫乏的。

2.开展有趣活动,培养直接兴趣

所谓直接兴趣就是人对事物或活动本身的外部特征发生的兴趣,是人对新鲜的事物或内容在感官上产生的一种新异的刺激。这种刺激反应表现强烈但比较短暂。当同学们开始了解和学习某种知识或技能时往往表现为极大的兴趣,而且也较容易激发,但随着学习的深入,难度增加,大多数同学逐渐失去兴趣。直接兴趣是对活动本身感兴趣,因而要培养这种直接兴趣,应使活动本身丰富而有趣。例如。新颖的教学内容和有兴趣的教学方法,能激起学生学习知识的兴趣+生动的课外实践活动,能培养学生学习实践操作动手、动脑、发明创造的兴趣;开展劳动竞赛、体育比赛、文体活动,能激发学生对劳动、学习、体育、文体活动等方面的热情与兴趣。

3.明确目的意义,培养间接兴趣

所谓间接兴趣就是人对活动的结果及其重要意义有着明确认识之后所产生的兴趣,这种兴趣是认识到学习的意义和价值而引起了求学的状态,既有理智色彩,又与个人的志向密切相关;既有远景规划,又有持久的定向作用,且不会偶遇挫折便轻易悔改。

这就是直接兴趣和间接兴趣的最大区别。间接兴趣是对活动的结果或意义感兴趣,因而,高中生要培养间接的稳定的兴趣,就应明确活动的目的与意义。

很多同学并没有认识到兴趣的真正内涵,只是发展了自己的直接兴趣,这种兴趣更多地考虑本能,不需要花太多的功夫就能激发出来,依靠的是一种新异的刺激,是事物本身的属性。然而通过反复甚至枯燥练习达到掌握技术、提高技能的过程对同学们间接兴趣的养成是更重要的。当同学们运用自身所掌握的技能去获得知识和成功的快感,感受兴趣的无穷魅力时,他就能对此项技能的意义产生认知,这就能使直接兴趣和间接兴趣发生迁移。

4.根据自身的兴趣特点,培养优良的兴趣品质

因为每个人所处的环境、所受的教育及主体条件各不相同,所以学生的兴趣都带有个性特点,因而要根据自身条件进行兴趣爱好的自我培养。例如,有人兴趣广泛而不集中,就应加强中心兴趣的培养;有人兴趣单一而不广泛,就应加强兴趣广泛性的培养;有人兴趣短暂易变,就应加强兴趣稳定性的培养;有人兴趣消极被动,就应加强兴趣效能性的培养;有人兴趣在网络世界,容易沉迷,那么就要加强引导,同时又要注意培养自身高尚的人格。

很多高中生对生活的兴趣是广泛的,应该针对自己特有的才能去培养特有的兴趣,这样才能把兴趣和才能结合起来,以巩固兴趣。

二、能力与职业

在大家的身边,是否存在这样让人"羡慕嫉妒恨"的同学?有的同学某门课学得非常好,在班上遥遥领先;有的同学在某方面如音乐上才华横溢;有的同学善于演讲和组织活动;有的同学不仅是学优生,其他方面的特长也很突出,所谓的德智体美劳全面发展。那么,我们是不是他们中间的某一类人?或

者,我们身上也存在让其他同学"羡慕嫉妒恨"的别的方面的能力?如果我们没有,可以通过哪些渠道去提升和实现?它们对未来的职场生涯又意味着什么?这些,就是我们要探讨的"能力"问题,也就是:"我会什么?不会什么?哪些是一定要会的?又怎么能够学会呢?"

(一)能力

1. 能力与职业

我们本节所探讨的能力,是指工作者在职场中表现出来的特殊技能。它是求职者核心竞争力的体现,也是用人单位最看重的东西。俗话说"千有万有,不如一技在手"。技能的养成非一日之功,对技能的认识可以帮助我们更好地了解未来工作所需的各类技能,在我们身上如何扬长避短以及怎样从现在开始为之做好准备。

2. 技能的分类

技能的分类方法很多,《你的降落伞是什么颜色?》一书将技能分为三种类型,即专业知识技能、可迁移技能和自我管理技能。

(1)专业知识技能

专业知识技能就是你所掌握的某类专业知识,一般用名词来表示。这些技能在我们的学习和生活中可以表现为所学习的专业、某门课程、听某个讲座、看某本书了解到的相关知识等。我们现在学习的所有课程的知识点,都可以称之为我们的专业知识技能。此外,我们在课余活动中也能够学习到很多专业知识技能。譬如,参加某个门类的社团(如吉他协会)等。

(2) 可迁移技能

可迁移技能也称通用技能,或者叫功能性技能。指的是在某个领域习得的思维方法和动作技能,能够运用到另外一个领域,一般用动词来表示。举个简单的例子,我会开车,意味着即使换了另外一个品牌的车,还是依然会开,因为开车的基本操作原理是一样的。在课程中学到的东西,不仅仅是某门课程的具体知识点,更重要的是训练我们的各种思维和实践能力。比如,学习语文或者英语这类语言学课程时,是通过很多文章来学习的,锻炼的却是表达、阅读的能力,而不是课本里的文章看懂了,别的文章就看不懂。在职场中,这类技能也可以从一个工作迁移到另外一个工作中进行运用。

(3) 自我管理技能

自我管理技能经常被看作个性品质,而不仅仅是某种技能。这些技能往往基于个人经历形成,体现了你的个性特征,是需要练习的。"良好的自我管理技能能够帮助个体更好地适应周围的环境、应对工作中出现的问题,因此它也被称为适应性技能以及成功所需要的品质、个人最有价值的资产。"[①]自我管理技能往往是依附于可迁移技能而展现出来的,就像在动词前面加一个形容词或者副词一样。比如,有些同学擅长的某项可迁移技能是"研究",他的个性特征可能会呈现"创造性研究",或者是"坚持不懈地研究",那么,"有创造性"和"坚持不懈"就属于这个同学的自我管理技能。

这三项技能之间是什么关系呢?假如我们把技能比喻成一个木桶,那么,专业知识技能可以说是木桶的原材料。它是

---

① 钟谷兰,杨开.大学生职业生涯发展与规划[M].上海:华东师范大学出版社,2016:51-56.

可迁移技能以及自我管理技能的基础。对于一个木桶来说，组成木桶的每块板越大越宽厚，木桶的容量就越大。也就是说，专业知识技能掌握越多，可以使用的也就越多。而可迁移技能则可以比喻成桶箍，意思是这个桶箍的形状决定了这个桶的形状以及用途。如果桶箍的直径达到一定的长度，那么它可以变成洗澡的桶；如果直径较小，那么可能就变成挑水的桶。因此，可迁移技能就像桶箍一样，可以让桶在不同领域实现不同的使用功能。而自我管理技能就像桶的提手，通过提手，这个桶就可以发挥它的使用功能。如果没有提手，那么桶就没有办法使用。

在职场中，某项技能本身虽然有高低之分，但针对某个具体的岗位而言，适不适合才是最重要的。我们不仅需要了解自己所拥有的技能，也需要了解该岗位所要求的技能，只有这样，才能找到合适自己并且有胜算求职成功的岗位。见表3-3。

表3-3 足球队长人选匹配分析表

足球队长的素质要求	三个人的突出能力	选择哪一个当队长（请在相应的格子后面打"√"）
1.领导能力，能够团结队伍的所有成员，凝聚人心，成为队伍的精神领袖 2.缜密的思考和冷静的判断力，遇到问题时能够冷静面对、分析和解决 3.组织协调能力，能够全面负责、合理安排球队的日常训练和组织协调工作	小明：对足球的相关知识和规则最为熟悉	
	小刚：体能好，球技全面，速度快，反应灵敏	
	小军：有较强的领导和组织协调能力，有团队精神，遇事冷静，思维缜密	

对此三种技能的分类，小明拥有很多关于足球方面的专业

知识技能,小刚最突出的技能属于可迁移技能,而小军的长项则属于自我管理技能。毫无疑问,很多同学都会选择小军作为足球队的队长。因为,足球队的队长并不是球队里最懂规则或者踢得最好的人,他最重要的工作是如何凝聚整个队伍的力量,发挥每个人的特长,安排好队伍的训练,在比赛中能够冷静处理,周到考虑遇到的问题。所以,根据职责的需要,小军无疑是最合适的人选。

(二)技能的澄清

在认识了技能的分类之后,同学们需要进一步探索及澄清当前的阶段拥有哪些技能,需要提升哪些技能以及如何进行提升。

1. 自我评估

同学们可以从专业知识技能、可迁移技能以及自我管理技能三个角度,通过回忆自己做过的具体的事情,澄清我们拥有哪些技能。

(1)方法一:技能澄清列表(表3-4)

表3-4 技能澄清列表

	我所擅长的	相关事例	我不擅长的	相关事例
专业知识技能	例如:语文学得很好……	1.在上学期的考试中,我每次语文考试基本都在班级前三名 2.……	例:数学学得很差……	1.每次上课理解起来都很费劲,必须得问同学才能够完成相关作业 2.……

续表

	我所擅长的	相关事例	我不擅长的	相关事例
可迁移技能	例：熟悉PS技术……	1.经常负责班级活动的海报设计 2.……	例：不怎么善于语言表达……	1.每次被提问的时候，我总是紧张出汗手发抖 2.……
自我管理技能	例：对于一个既定的目标，我通常能够一直坚持……	1.为了能够控制自己玩游戏的嗜好，我规定自己只能周末的时候玩3个小时。从这学期以来，我坚持做到了 2.……	例：经常粗心大意……	1.好几次物理考试，我都因为没看清楚题目的要求而答错了 2.……

在填写表3-4的过程中，同学们可以从列举的诸多事例中提炼出擅长、不擅长的共通技能。这些也就成为个人目前所拥有的技能。

(2)方法二：撰写成就故事

撰写成就故事也是澄清技能的有效方法之一。

生涯故事——佩莉的光荣任务

佩莉是学校记者站的小记者，她经常负责学校一些活动的新闻报道。这次，正值学校90周年校庆，需要她采访一位知名校友。虽然她在学校的记者站里算是"资深"的小记者，但是之前参加的都是内容比较简单、规模相对较小的活动，基本上能够顺利完成。这次的校庆采访活动对学校而言十分重要，这是她第一次负责采访这么重量级的对象，她感觉这个任务既光荣又艰巨。她认真思考了一下，感觉自己还不是很有把握。于是，她找到了一位在厦门大学新闻传播学院上学的学姐，向她了解了这类采访需要注意的一些关键点。之后，她又通过活动的主办方负责人，进一步了解了这项活动的具体背景和被采访人的相关信息，罗列出了一些问题。在把这些问题同记者站的另外一些伙伴一起商量了之后，她进一步筛选出了要采访的几个问题，并得到了学校相关负责老师的赞同。最后，在和知名校友访谈的过程中，由于之前做的准备比较充分，所提的问题都能够很好地挖掘出该校友的事迹亮点。这篇报道完成质量很高，得到了学校老师和校友的赞誉，成为此次校庆活动最出彩的十条新闻之一。

　　撰写成就故事一般包含以下几个要素：①你想要达到的目标，即需要完成的事情。对于佩莉而言，在90周年校庆成功采访这位知名校友是她要达成的目标。②你面临的障碍、限制或困难。对于佩莉而言，面临的困难在于采访的经验尚有欠缺，且对如何开展对该校友的采访工作，她并无十足的把握。③你的具体行动步骤，即你是如何一步步克服障碍、达成目标的。通过克服困难的相关步骤，不仅让我们回想是如何完成这项任务的，同时也重点体现了在达成这个目标时自己拥有哪些技能。对于佩莉而言，她的第一个步骤是请教相关达人，譬如，对新闻采访有专业学习的学姐。第二个步骤，是扩大搜集信息的范围，例如，找到负责人，了解该校友的经历及成长背景。第三个步骤，自己再进一步进行深入的思考和分析，同时继续寻求他人的帮助。从这个过程可以看出，佩莉具有很强的学习能力、搜集信息的能力、沟通能力、条理性、写作能力、分析能力等，这些都是通过这个故事展现出来的佩莉的技能。④对结果的描述,即你取得了什么成就,最好能够量化评估(用某种方法衡量或以数据说明)。佩莉的努力最终获得了学校老师和该校友的赞誉,也被评为此次校庆活动最出彩的十条新闻之一。这个有说服力的结果再次说明了佩莉在新闻采访和撰写方面的突出技能。

成就故事可以带动我们思考我们究竟擅长使用哪些技能,是技能澄清的有效方法之一。同时,在求职的时候,也可以帮助我们回答类似于"你做过的最成功的事情是什么"或者"你最擅长做什么"这类经常出现在面试中的问题。如果佩莉去应聘一名记者的时候,把这则成就故事描述出来用以证明她在这方面所拥有的技能,还是非常具有说服力的①。

2.他人的评估及测评工具的使用

除了自我澄清的方法之外,他人的反馈意见也是非常重要的参考。大家可以问周边的人,譬如,自己的父母、老师、朋友和同学等,问他们如下问题:"你们觉得我哪些能力很强?哪些能力比较弱?""我哪些事做得好?哪些事处理得不怎么样?""我适合做什么?不适合做什么?为什么?"

此外,还可以通过一些专业的测试工具来测评自己的技能。譬如,一些专业的人才管理服务公司,如北森等,就开发了针对不同对象的测评软件。同学们可以通过网络等一些渠道获取并进行测试。通过多个渠道的探索及互相印证,同学们能够更加全面地了解自己的相关技能。

---

① 钟谷兰,杨开.大学生职业生涯发展与规划[M].上海:华东师范大学出版社,2016:51-56.

(三)高中生的核心技能

对于高中生而言,必须具备的核心技能有哪些?

这个问题目前还未有统一的答案。但毫无疑问的是,高中这个特殊的生涯阶段有着独特的能力发展任务。进入新世纪以来,美国成立了一个全国性的"21世纪技能伙伴组织",组成人员包括政府部门、商业机构、美国图书馆协会等在内的多家民间组织和北美的大部分高校的相关研究人员,共同探讨了美国的孩子面临新世纪挑战所需要具备的知识与技能,概括起来有如下内容:

1. 学习和创新技能

包括创造力和创新技能、批判性思维和解决问题能力、沟通与合作能力。

2. 信息、媒体和技术技能

包括提升信息素养、媒体素养和信息、通信与技术素养。

3. 生活和职业技能

包括灵活性和适应性、主动性和自我导向、社交及跨文化技能、生产力和责任感、领导力与责任心。

该组织提出在中小学核心课程的基础上需要另外融入跨学科主题(全球意识,金融,经济,商业及创业的素养,公民素养,健康素养,环保素养)的学习内容,以帮助学生进一步学会应对现实生活的具体问题。这对我们理解高中阶段生涯任务具有很大的借鉴意义。

那么,在我国,对高中生的技能要求都有哪些?

国内大部分高中生最直接的目标是进入大学深造学习。而大学人才选拔,目前来讲最主要有"大高考"和"小高考"(自主招生考试)两种形式,可以算是一场特别的"技能大测试"。通过这场测试,学生们各方面的能力水平得以甄别,从而进入不同的高等学校和专业,与未来的职业生涯相连接。因此,大、小高考可以作为一个考核高中生技能水平的方法。因为"大高考"大家已经非常熟悉了,所以我们主要向大家介绍目前越来越受重视的自主招生考试。

从2003年开始,国家就通过实施高校自主招生探索人才选拔制度改革,允许部分高校拿出一定比例的招生名额,以选拔那些有特殊才能的学生,打破了高考"一考定终身"的录取模式,号称"小高考"。它由高校自行命题,没有统一的考试大纲,凸显了各试点院校本身的风格和理念。截至2022年,全国共90所试点高校进行自主招生,其中77所面向全国招生,13所在本省实行自主选拔录取。

高校在自主招生中采用以"中学推荐为主,个人自荐为辅"的原则进行报名,大多数用网上报名和书面材料申请两个步骤。通过初审的学生参加笔试、面试,参加高考,达到目标大学的标准之后,被该校录取。自主招生侧重考查考生的能力,主要依靠考生平时的积累,不是短时间内的针对性突击准备能够完成的。譬如,2013年清华的综合面试题就有以"我与诺贝尔奖的距离"为题作2分钟即兴演讲等题目,整个面试过程只有10余分钟,集中考查了学生的多项素质。无论是各个高校的招生简章还是测试,都说明了自主招生不光看重学生的高考成绩,更看重的是学生的能力和潜质。正如复旦附中副校长吴坚所说,自招的笔试每个高校都有各自的侧重点,但有一点是相同的,那就是都旨在通过笔试来考查学生的综合能力、综合素质、知识储备;通过面试考查其语言表达能力、思维能力、协调能力、与人交流能力、对社会的认知能力等。这从一定程度上也反映了对人才的选拔和判断标准，值得同学们深入思考。

那么，针对高校自主招生，同学们可以进行哪些准备？

上海交通大学教授知名教育专家、著名高考志愿咨询专家、21世纪教育研究院副院长熊丙奇在他的《高中生职业生涯规划八讲》里指出，有意愿参加自主招生的同学，应该从高一高二就开始了解相关信息。参考该书的内容及相关网站的一些建议，我们可以关注以下几点：首先，要对所在中学具备推荐资格以及名额的情况进行了解，结合自身实际，判断自己是否适合参加自主招生考试。其次，要了解目标学校招生的相关政策（参考招生简章）。不同的学校有不同的自主招生项目，不同项目有不同的条件要求。例如，清华大学就有由"领军计划""拔尖计划""自强计划"三部分组成的"新百年领军计划"，旨在选拔和培养未来领军人才，是自主选拔中的特殊部分，与普通自主选拔不存在报名资格冲突。还有一些学校制订了针对某学科、某竞赛项目的招生计划。再次，要学习和收集相关的申请及考试经验。例如，在写自荐信的时候，要注意充分体现对目标高校及其人才培养目标的了解，并结合自己的实际情况，将个人与之进行匹配。同时，要根据不同的学校撰写不同的自荐信，不要一封信就包打天下，要知己知彼，体现出自己的能力和诚意。一些高校还会举办自己的夏令营、冬令营等活动，大家可以根据实际情况报名参加。

此外，有些同学可能希望高中毕业之后到境外高校求学。《高中生职业生涯规划八讲》指出，学生的适应性（如语言能力、自主管理能力、性格是否开朗、是否具有合作精神等），以及学生的潜能(如生活态度、人生规划意识、独立思维能力、个人特质、是否具有社会责任心等),是这些高校对申请学生能力考察的主要方面。

以上论述表明,对技能的探索、澄清以及对能力发展的规划是十分必要的。在下文的案例中,通过"能力养成计划表"(如表3-5)这个工具,大家可以试着先学习为自己目前不擅长的技能制订一个养成计划,以帮助自己不断提升这些能力。

表3-5 能力养成计划表

存在差距的项目	希望达到的水平	提升的渠道及方式	可以寻求帮助的资源或者他人	预计完成的时间
1.提升英语文章的阅读理解水平	能够在5分钟内阅读包含800个单词的文章	除了老师布置的作业之外,每天能够熟练掌理10个新的单词;购买适合自己水平的英文资料,每天阅读1小时	英语老师,班上的英语达人等	下学期开学之前
2.提升自己的组织策划能力	能够成功组织策划一场活动	参加班级和学校的学生组织,如学生会、社团等,积累相关经验	主管部门的老师,学生组织相关负责人等	高三之前
3.提高抗挫折能力	能够正确分析原因,积极面对挫折并加强改善的行动力	每次遇到挫折时,积极调试自己的心态,若自己无法解决,则求助他人	学校的心理咨询师,其他老师,父母,要好的朋友、同学等	直到基本改善为止

现在,大家是不是对澄清和提升自己的技能有了更加清晰

的了解?同学们可以试着澄清自己的相关技能,模仿上面的表格制订一份自己的"能力养成计划表",确定自己需要提升哪些能力和通过哪些行动来提升它们,并努力加以落实,这样长期坚持,一定能够在高中阶段收获满满,为将来打下良好的基础。

三、性格与职业

(一)性格对职业的影响

性格是指表现在人对现实的态度和相应的行为方式中的比较稳定的,具有核心意义的个性心理特征,是一种与社会关系最密切的人格特征,在性格中包含有许多社会道德含义。性格表现了人们对现实和周围世界的态度,并体现在他的行为举止中,性格主要体现在对自己、对别人、对事物的态度和所采取的言行上。每个人要充分了解自身的性格,并寻找适合自身性格特征的职业。这才可以增加工作的舒适度和满意度。

(二)性格的分类与澄清

1.性格的分类

心理学家们曾经以各自的标准和原则,对性格类型进行了分类,下面是几种有代表性的观点:

(1)从心理机能上划分,性格可分为理智型、情感型和意志型

理智型的人能够冷静客观地思考问题,理智控制自己的行动。理智型主要表现:第一,感知能力。是主动观察还是被动感知;是根据自身的目标和任务来观察,还是易受外界环境信

息影响;等等。第二,思维方式。是敏捷、独创,还是迟缓、依赖;是全面、深刻,还是片面、粗略;等等。第三,记忆、想象方式。是主动,还是被动;想象丰富,还是单调;是有现实感的幻想,还是脱离实际的幻想;等等。

情感型的人格分为抑郁型人格、躁狂型人格和情感循环型人格。在日常生活中,你也许会发现有些人多愁善感,这就是情感型人格的异常表现。《红楼梦》中的林黛玉就是一个典型的例子,她是一个身体虚弱、多愁善感又极易伤心落泪的人物,属于情感型人格中的抑郁型人格。躁狂型人格表现为精神兴奋,日常生活中特别好动。情感循环型人格的人则属于在抑郁型人格和躁狂型人格中循环的类型。

意志型是指一个人的意志特征。意志特征主要表现在四个方面:一是表现在行为活动中是否具有明确的目的性。是自觉行动,还是盲目行动;是有个人主见,还是受人支配;是方向明确,还是自动蛮干。二是表现在行为上能否自我控制。是具有很好的自制力,还是经常受情绪冲动的影响;是主动控制自己还是消极地放任自由;等等。三是表现在紧急或困难情况下是否沉着勇敢。是沉着镇定,还是惊慌失措;是机智果断,还是优柔寡断;是胆大勇敢,还是胆怯畏缩;等等。四是表现在经常性工作中是否认真负责。是严肃认真,还是轻率马虎;是持之以恒,还是半途而废;是知难而进,还是知难而退;等等。总之,意志型的人的特征有较明确的目标,行动主动、自由。

(2)从心理活动倾向性上划分,性格可分为内倾型和外倾型

内倾型的性格特点:心理内倾、沉思寡言、情感深沉、富于

幻想、办事谨慎、反应缓慢、顺应困难、性情孤僻、不好交际、处理问题不果断、敢于自我评价。

外倾型的性格特点：心理外倾、开朗活泼、兴趣广泛、感情易露、决策果断、独立性强、不拘小节、喜欢交际、比较轻率、缺乏自我批评勇气。

（3）从个体独立性上划分，性格分为独立型、顺从型、反抗型

独立型指的是个体与他人间的关系紧密程度和性质。独立型的性格特点：善于独立地发现问题和解决问题，不为次要因素所干扰，在紧急困难情况下不慌张，易于发挥自己的力量。

顺从型的性格特点：独立性差，易受暗示，容易不加批判地接受别人的意见，照别人的意见去办事，在紧急困难情况下表现惊慌失措。顺从型的行为方式有一套形容词：善良无私、慷慨、高贵、圣洁、同情，但顺从的人信奉它们并不是因为它们是真正的理想，而是用它们来做交易；他们让自己相信，只要慷慨大方、充满爱心，就会得到命运的青睐和他人的善待。在顺从的人身上，各种攻击性倾向受到强烈压抑。他们受到压抑是因为将它们表现出来会与他们行为需求发生强烈冲突，会危及他们自我塑造的形象。

反抗型的性格特点：与他人的关系是敌对的，自身的观点往往根据别人的方面提出，所以这种人一般要知道别人的观点之后才能说出自己的观点。

美国心理学家海伦·帕玛根据人们不同的核心价值观、注意力焦点及行为习惯的不同，把人的性格分为九种，称为"九型性格"。

第一型：完美型。完美型人信奉"我若不完美，就没有人会爱我"。主要特征：原则性强，不轻易妥协，常说"应该"及"不应该"，黑白分明，对自己和别人要求甚高，追求完美，不断改进，感情世界薄弱；希望把每件事都做得尽善尽美，希望自己或是这个世界都更进步。时时刻刻反省自己是否犯错，也会纠正别人的错。主要特质：忍耐，有毅力，守承诺，贯彻始终，爱家顾家，守法，有影响力的领袖，喜欢控制，光明磊落。

第二型：助人型。助人型人信奉"我若不帮助人，就没有人会爱我"。主要特征：渴望别人的爱或良好关系，甘愿迁就他人，以人为本，要别人觉得需要自己，常忽略自己；很在意别人的感情和需要，十分热心，愿意付出爱给别人，看到别人满足地接受他们的爱，才会觉得自己活得有价值。

第三型：成就型。成就型人信奉"我若没有成就，就没有人会爱我"。主要特征：强烈好胜心，喜欢认可，常与别人比较，以成就衡量自己的价值高低，看重形象，工作狂，惧怕表达内心感受；希望能够得到大家的肯定；是个野心家，不断地追求有效，希望与众不同，受到别人的注目、羡慕，成为众人的焦点。

第四型：艺术型。艺术型人信奉"我若不是独特的，就没有人会爱我"。主要特征：情绪化，追求浪漫，惧怕被人拒绝，觉得别人不明白自己，占有欲强，我行我素的生活风格，爱讲不开心的事，易忧郁、妒忌，生活追寻感觉好；很珍惜自己的爱和情感，所以想好好地滋养，并用最美、最特殊的方式来表达。他们想创造出独一无二、与众不同的形象和作品，所以不停地自我察觉、自我反省以及自我探索。

第五型：理智型。理智型人信奉"我若没有知识，就没有人会爱我"。主要特征:冷眼看世界,抽离情感,喜欢思考分析,知道很多,但缺乏行动,物质生活要求不高,喜欢精神生活,不善表达内心感受;想借由获取更多的知识来了解环境,面对周遭的事物。他们想找出事情的脉络与原理,作为行动的准则。有了知识,他们才敢行动,也才会有安全感。

第六型:疑惑型。疑惑型人信奉"我若不顺从,就没有人会爱我"。主要特征:做事小心谨慎,不轻易相信别人,多疑虑,喜欢群体生活,为别人做事尽心尽力,不喜欢受人注视,安于现状,不喜转换新环境;相信权威,跟随权威的引导行事,却又容易反权威,性格充满矛盾。他们的团体意识很强,需要亲密感,需要被喜爱、被接纳并得到安全的保障。

第七型:活跃型。活跃型人信奉"我若不带来欢乐,就没有人会爱我"。主要特征:乐观,要新鲜感,追赶潮流,不喜承受压力,怕负面情绪;想过愉快的生活,想创新,自娱娱人,渴望过比较享受的生活,把人间的不美好化为乌有。他们喜欢投入体验快乐及情绪高昂的世界,所以他们总是不断地寻找快乐、体验快乐。

第八型:领袖型。领袖型人信奉"我若没有权力,就没有人会爱我"。主要特征:追求权力,讲求实力,不靠他人,有正义感,喜欢做大事;绝对的行动派,一碰到问题便马上采取行动去解决。想要独立自主,一切靠自己,依照自己的能力做事,要建设前不惜先破坏,想带领大家走向公平、正义。

第九型:和平型。和平型人信奉"我若不和善,就没有人会爱我"。主要特征:花长时间做决定,难于拒绝他人,不懂宣泄愤怒;显得十分温和,不喜欢与人起冲突,不自夸,不爱出风头,个性淡薄。想要和人和谐相处,避开所有的冲突与紧张,希望事物能维持美好的现状。忽视会让自己不愉快的事物，并尽可能让自己保持平稳、平静。

瑞典心理学家荣格（Carl Jung）关于知觉、判断和人格态度的观点，经由布莱格斯和她的女儿迈尔斯研究后发展成为心理测评工具（Myers Briggs Type Indicator，MBTI）。MBTI衡量的是个人的类型偏好，包括外倾-内倾维度、感觉-直觉维度、思考-情感维度、判断-知觉维度。

1921年，心理学家荣格发表了经典的心理学类型学说。他设计了一套性格差异理论，他相信性格差异同时会决定并限制一个人的判断。他把这种差异分为内向性/外向性、直觉性/感受性和思考型/感觉型。同时，他认为这些差异是与生俱来的，并且在一个人的一生中相对稳定。

荣格把感知和判断列为脑的两大基本功能，前者帮助我们从外部世界获取信息，后者则使我们以特定的方式做出决定。它们在大脑活动中的作用受到每个个体生活方式和精力来源的节制，从而对人的外部行为和态度产生各不相同的影响。正是在这个意义上，性格被视为一种与生俱来的天性。

20世纪40年代，美国一对母女在荣格的心理学类型理论的基础上提出了一套个性测验模型。伊莎贝尔·迈尔斯（Isabel Myers）和凯瑟琳·布里格斯（Katharine Briggs）把这套理论模型以她们的名字命名，叫作MyersBriggs类型指标MBTI，Myers Briggs Type Indicator（MBTI）作为一种对个性的判断和分析，是一个理论模型，从纷繁复杂的个性特征中，归纳提炼出4个关键要素动力、信息搜集、决策方式、生活方式，进行分析判断，从而把不同个性的人区别开来。MBTI人格分类模型和理论的意义在于"解释人与人之间的差异现象"以及优化决策，对决策流程"进行理性的干预"。

MBTI人格共有四个维度,每个维度有两个方向,共计八个方面:外向(E)和内向(D)、感觉(S)和直觉(N)、思考(T)和情感(F)、判断(J)和知觉(P)。我们与世界的相互作用是怎样的,用外向(E)和内向(D)维度加以判断。我们自然留意的信息类型,用感觉(S)和直觉(N)维度加以判断。我们如何做决定,用思考(T)和情感(F)维度加以判断。我们的做事方式如何,用判断(J)和知觉(P)维度加以判断。

每个人的性格都落足于四种维度每种中点的这一边或那一边。我们把每种维度的两端称作"偏好"。例如,如果你落在外向的那一边,那么就可以说你具有外向的偏好。如果你落在内向的那一边,那么就可以说你具有内向的偏好。四个维度,两两组合,共有十六种类型。以各个维度的字母表示类型,如下:ESFP、ISFP、ENFJ、ENFP、ESTP、ISTP、INFJ、INFP、ESFI、ISFJ、ENTP、INTP、ESTI、ISTJ、ENTJ、INTJ。

四个维度在每个人身上会有不同的比重,不同的比重会导致不同的表现,关键在于各个维度上的人均指数和相对指数的大小。十六种人格类型具体表现为:

ISTJ

a.严肃、安静,借由心智与全力投入及可被信赖获得成功。

b.行事务实、有序、实际、逻辑、真实及可信赖。

c.十分留意且乐于任何事(工作、居家、生活均有良好组织及有序)。

d.负责任。

e.照设定成效来做出决策且不畏阻挠与闲言,会坚定为之。

f.重视传统与忠诚。

g.传统性的思考者或经理。

ISFJ

a.安静、和善、负责任且有良心。

b.行事尽责投入。

c.安定性高,常属项目工作或团体之安定力量。

e.愿意投入、吃苦及力求精确。

d.兴趣通常不在于科技方面,对细节事务有耐心。

e.忠诚、考虑周到、知性且会关切他人感受。

f.致力于创造有序及和谐的工作与家庭环境。

INFJ

a.因为坚忍、创意及必须达成的意图而能成功。

b.会在工作中投入最大的努力。

e.默默地、诚挚地及用心地关切他人。

d.因坚守原则而受敬重。

e.提出造福大众利益的明确远景而为人所尊敬与追随。

f.追求创见、关系及物质财富的意义及关联。

g.想了解什么能激励别人及对他人具有洞察力。

h.光明正大且坚信其价值观。

i.有组织且果断地履行其愿景。

INTJ

a.具有强大动力与本意,来达成目的与创意——固执顽固者。

b.有宏大的愿景且能快速在众多外界事件中找出有意义的模范。

c.对所承担职务具良好能力,能策划工作并完成。

d.具怀疑心、挑剔性、独立性,果决,对专业水准及绩效要求高。

ISTP

a.冷静旁观者——安静,预留余地、弹性,会以无偏见的好奇心、原始的幽默观察与分析。

b.有兴趣于探索原因及效果,技术事件是为何及如何运作,且使用逻辑的原理组构事实、重视效能。

c.擅长于掌握问题核心及找出解决方式。

d.分析成事的缘由且能实时从大量资料中找出实际问题的核心。

ISFP

a.羞怯的、安宁和善的、敏感的、亲切的,行事谦虚。

b.避开争论,不对他人强加己见或价值观。

c.无意于领导却常是忠诚的追随者。

d.办事不急躁,安于现状,无意于以过度的急切或努力破坏现况,且非成果导向。

e.喜欢有自有的空间及按照自订的时程办事。

INFP

a.安静观察者,具理想性与对其价值观及重要之人具忠诚心。

b.喜外在生活形态与内在价值观相吻合。

c.具好奇心且很快能看出机会所在,常担负开发创意的传媒者。

d.除非价值观受侵犯,行事会具弹性,适应力高且承受力强。

e.最想了解及发展他人潜能的企图,想做太多且做事全神贯注。

  f.对所处境遇及拥有不太在意。

  g.具适应力,有弹性,除非价值观受到威胁。

INTP

  a.安静、自持、弹性及具适应力。

  b.特别喜爱追求理论与科学事理。

  c.以逻辑及分析来解决问题——问题解决者。

  d.最有兴趣于创意事务及特定工作,对聚会与闲聊无大兴趣。

  e.追求可发挥个人强烈兴趣的生涯。

  f.追求发展对有兴趣事务之逻辑解释。

ESTP

  a.擅长现场实时解决问题——解决问题者。

  b.喜欢办事并乐在其中。

  c.倾向于喜好技术事务及运动,结交同好友人。

  d.具适应性、容忍度、务实性;投注心力于会很快且具成效的工作。

  e.不喜欢冗长概念的解释及理论。

  f.最专精于可操作、处理、分解或组合的真实事务。

ESFP

  a.外向、和善、接受性、乐于分享喜乐予他人。

  b.喜欢与他人一起行动且促成事件发生,在学习时亦然。

  c.知晓事件未来的发展并会热烈参与。

  d.最擅长于人际相处能力及具备完备常识,很有弹性,能立即适应他人与环境。

  e.对生命、人、物质享受的热爱者。

ENFP

a. 充满热忱,活力充沛,聪明,富有想象力,视生命充满机会,期望能得到他人的肯定与支持。

b. 几乎能达成所有有兴趣的事。

c. 对难题很快就有对策并能对有困难的人施与援手。

d. 依赖能改善的能力而无须预做规划准备。

e. 为达目的常能找出强制自己为之的理由。

f. 即兴执行者。

ENTP

a. 反应快,聪明,长于多样事务。

b. 具有激励伙伴、敏捷及发言专长。

c. 会为了有趣,对问题的两面加以争辩。

d. 对解决新及挑战性的问题富有策略,但会轻忽或厌烦经常的任务与细节。

e. 兴趣多元,易倾向于转移至新生的兴趣。

f. 对所想要的会有技巧地找出逻辑的理由。

g. 长于看清楚他人,有智能去解决新的或有挑战的问题。

ESTJ

a. 务实、真实、事实倾向,具企业或技术天分。

b. 不喜欢抽象理论;最喜欢学习,可立即运用事理。

c. 喜好组织与管理活动且专注,以最有效率的方式行事以达成效。

d. 具决断力,关注细节且很快做出决策——优秀行使者。

e. 会忽略他人感受。

f. 喜做领导者或企业主管。

g. 做事风格比较偏向于权威指挥性。

ESFJ

a.诚挚,爱说话,合作性高,受欢迎,光明正大——天生的合作者及活跃的组织成员。

b.重和谐且长于创造和谐。

c.常做对他人有益的事务。

d.给予鼓励及会有更佳工作成效。

e.对会直接影响人们生活的事务最感兴趣。

f.喜欢与他人共事,精确且准时完成工作。

ENFJ

a.热忱,易感应及负责任——具有能鼓励他人的领导风格。

b.对别人所想或需求会表达真正关切且切实用心去处理。

c.能怡然且技巧性地带领团体讨论或演示文稿提案。

d.爱交际,受欢迎及富有同情心。

e.对称赞及批评很在意。

f.喜欢带领别人且能使别人或团体发挥潜能。

ENTJ

a.坦诚,具决策力的活动领导者。

b.长于发展与实施广泛的系统以解决组织的问题。

c.专精于有内涵与智能的谈话,如对公众演讲。

d.乐于经常吸收新知且能广开信息管道。

e.易过度自信,会强烈表达自己的创见。

f.擅长策划及目标设定。

表3-6 MBTI 各种性格类型常见适合职业举例

性格类型	ISTJ	ISFJ	INFJ	INTJ
适合职业	首席信息系统执行官 天文学家 数据库管理 会计 房地产经纪人 侦探 行政管理 信用分析师	内科医生 营养师 图书/档案管理员 室内装潢设计师 客户服务专员 记账员 特殊学习教师 酒店管理	特殊学习教师 建筑设计师 培训经理/培训师 职业策划咨询顾问 心理咨询师 网站编辑 作家 仲裁人	首席财政执行官 知识产权律师 设计工程师 精神分析师 心脏病专家 媒体策划 网络管理员 建筑师

性格类型	ISTP	ISFP	INFP	INTP
	信息服务业经理 计算机程序员 警官 软件开发员 职业律师助理 消防员 私人侦探 药剂师	室内装潢设计师 按摩师 客户服务专员 服装设计师 厨师 护士 牙医 旅游管理	心理学家 人力资源管理 翻译 大学教师（人文学科） 社会工作者 图书管理员 服装设计师 编辑/网站设计师	软件设计师 风险投资家 法律仲裁人 金融分析师 大学教师（经济学） 音乐家 知识产权律师 网站设计师

续表

性格类型	ESTP	ESFP	ENFP	ENTP
适合职业	企业家 股票经纪人 保险经纪人 土木工程师 旅游管理 职业运动员/教练 电子游戏开发员 房产开发商	幼教老师 公关专员 职业策划咨询师 旅游管理/导游 促销员 演员 海洋生物学家 销售	广告客户管理 管理咨询顾问 演员 平面设计师 艺术指导 公司团队培训师 心理学家 人力资源管理	企业家 投资银行家 广告创意总监 市场管理咨询顾问 文案 广播/电视主持人 演员 大学校长

性格类型	ESTJ	ESFJ	ENFJ	ENTJ
适合职业	公司首席执行官 军官 预算分析师 药剂师 房地产经纪人 保险经纪人 教师(贸易、工商类) 物业管理	房地产经纪人 零售商 护士 理货员、采购 按摩师 运动教练 饮食业管理 旅游管理	广告客户管理 杂志编辑 公司培训师 电视制片人 市场专员 作家 社会工作者 人力资源管理	公司首席执行官 管理咨询顾问 政治家 房产开发商 学习咨询顾问 投资顾问 法官

2.性格的澄清

虽然从心理学的角度看,性格(character)全然不同于人格(personality),但我们日常交流中所谈论的性格的含义,实际上指心理学上的人格的概念。心理学家对人格的心理学含义尽管存在众多不同的看法,但在通常意义上人格指一个人相对稳定的心理特征和行为倾向。在这种意义上说,人格就是我们通常所理解的性格。正因为如此,有的研究者为了避免理解上的混乱,主张将心理学上的personality翻译成"性格"。性格测试,即人格测试,或叫人格测量。性格测试是运用科学方法客观了解一个人性格的方法,以下主要介绍自陈量表式测验。

自陈量表法就是让被试者按自己的意见,对自己的人格特质进行评价的一种方法。自陈量表通常也称为人格量表(personality inventory)。自陈量表通常由一系列问题组成,一个问题陈述一种行为,要求被试者按照自己的情形来回答。常用的自陈量表有"明尼苏达多项人格测验"、"卡特尔16种人格因素量表"、MBTI性格类型测试和DISC性格测试。

"明尼苏达多项人格测验"简称MMPI,是现今国外最流行的人格测验之一。此量表是由美国明尼苏达大学教授哈瑟韦(S. R. Hathaway)和麦金力(J. C. Mckinley)所合作编制。该量表的内容包括健康状态、情绪反应、社会态度、心理症状、家庭婚姻问题等26类题目,可鉴别强迫症偏执狂、精神分裂症、抑郁性精神病等。

"卡特尔16种人格因素量表"简称16PF,是美国伊利诺伊州立大学人格及能力测验研究所卡特尔教授(R. B. Cattel)经过几十年的系统观察和科学实验,以及用因素分析统计法慎重确定和编制而成的一种精确的测验。这一测验能以约45分钟的时间测量出16种主要人格特征。凡具有相当于初三以上文化程度的人都可以使用。本测验在国际上颇有影响,具有较高的效度和信度,广泛应用于人格测评、人才选拔、心理咨询和职业咨询等工作领域。该测验已于1979年引入国内并由专业机构修订为中文版。

DISC理论是美国心理学家威廉·莫尔顿·马斯顿博士(Dr. William Moulton Marston)在他1921年的著作《常人的情绪》中提出的。DISC理论对不同的年龄、性别、种族、国别的人们均适用,已经成为人类共同的性格语言。DISC性格测试主要从指挥者(D)、社交者(D)、支持者(S)和修正者(C)四个主维度特质对个体进行描绘,揭示个体激励因素、沟通方式、决策风格、能力特长、抗压能力等特质。目前广泛用于企业招聘、选拔、培训、团队建设、管理沟通等和个人用于提升潜能、解决人际冲突、增强幸福感等方面。

"我性格内向/外向,适合学什么专业?""哪些专业正好匹配我的性格?""以我的个性学什么专业比较适合?""我性格中的优势和劣势是什么?"不论是面临高考选专业,还是刚刚进入高中学习的同学,面对这类问题都会感到困惑。性格类型和职业选择之间到底存在什么样的关联呢?首先让我们通过MBTI人格测试来了解一下我们的性格,再根据测试结果分析性格与职业选择之间的关系。

人的性格是与生俱来不可随意硬性逆转的,就像我们的双脚,脚的大小是无法选择的。别再抱怨你的双脚,还是去选取一双适合自己的鞋吧!

(三)性格的完善

1.完善自身性格的意义

每个人的性格都有优点和缺点,一味去弥补性格缺点的人,只能将自己变得平凡,而发挥性格优点的人,却可以使自己出类拔萃。因而完善性格具有现实的意义。同时性格的不同也体现在决策方式的差异上,每个人可以通过使用科学理性的决策方式改变内心的体验,进而完善自己的性格。一个完善的人,不会受到各种变故的影响,始终平静如水,任凭多大的事,也只是付之一笑。

2.完善性格的方法

性格并不是固定不变的,它是个体在长期的社会生活和学习中所形成的一种习惯性的行为方式。性格具有较强的可塑性。人会表现出种种的性格特征,往往是由于心中的偏执,所以,要完善自己的性格,可从以下几个方面来努力。

(1)首先要放下自我

放下自我意味着放下对自己的执着、对外物的执着,放弃对事物的控制欲。学会在适当的场合、适当的时间做适当的事。古人所说的君子虚怀若谷,大概就是如此。老子说,上善若水,水处下而利万物。要完善自我,也应该像水一样,不执着于某种固定的形态,却能变化出任何一种形态。同时人应该用一定的道德规范作为自己的行为准则。

(2)培养更加稳妥的处事方式

要想有更稳妥的处事方式,首先要有完善的性格。认识到事物发展的规律:月盈而亏,盛极转衰。所以稳定的处事方式应该是中庸。不可过分高调,也不可过分低调。失败时鼓励自己,继续加油;成功时反省自己,守住成果。

身处低位时保持昂扬向上的精神风貌,身处高位时则应该收敛锋芒、藏精守拙。

(3)要树立更高的人生追求

这种追求不仅仅是一个目标,而且是一种更高的精神境界,一种更完善的生命状态。通过博览群书、社会实践等方式开阔视野、增长见识。所谓"凡有所学,皆成性格",意思是凡是能够钻研一门学问的人,都能够完善一个人的习性性格,养成良好的品性。这是一个长期的过程,需要同学们时刻自律,兢兢业业,如履薄冰。

列举几种具体做法:

A.早起。曾国藩治懒第一条就是早起,懒惰是一切消极情绪的根源。

B.养成好习惯。比如学会时间规划,养成做好每一个细节的习惯,写好每一个字,每天写日记自我反省,等等。

C.坚持体育锻炼。生理与心理互相影响、互为表征,有好的身体自然有积极的情绪。

D.自我激励,情绪管理。

亚里士多德2500多年前就问过一个问题:"什么是幸福的生活?"积极心理学之父马丁·塞利格曼的回答是找出你的优势并发挥它。同样的,我们每一个人也应找出自己性格中的优势面,并最大限度地发挥它和完善它,这样也就提高了内心良好的体验,提升了个人幸福感。

第四章　未来职业所需的优秀品格

第一节　拥有积极情绪

古人常说"克己复礼",这句话是说遇事从容,能理智控制好自己的情绪,与人为善。心态决定状态,心胸决定格局。处于青春期的高中生,如果能有意识地培养自身豁达的姿态、良好积极的情绪,对生涯成长、未来成功都具有非凡的价值和意义。

一、情绪

情绪是个体感受和面对事物、现象及事件时产生的一种身心状态反应。在某种程度上,情绪也是个体需求是否得以满足的反应,不同情绪带给个体不同的生理和行为变化。人的情绪是复杂多样的,由于每个个体的主观体验不同,面对同一环境,会有不同的心态和情绪反应。情绪也分为积极情绪和消极情绪两类,这两种不同的情绪带给个体的影响是巨大的。身体方面:积极情绪——治病;消极情绪——致病。智力方面:积极情绪——增强记忆,更为理智;消极情绪——记忆力减退,判断力下降。性格养成方面:积极情绪——开朗热情;消极情绪——孤僻自卑。人际交往方面:积极情绪——促进交往;消极情绪——阻碍交往。

人们的消极情绪并不是来自事件本身，而是来自对事情不正确的解释和评价。事情本身并无好坏，但是当人们赋予它自己的偏好、欲望和评价时，就有可能产生各种无谓的烦恼和困扰。就是说，个体对事件所持有的不正确看法、不合理信念会引发其消极情绪。不合理的信念是个体内心中不现实、不合逻辑、站不住脚的信念，有以下三个特征。

1. 绝对化的要求

怀有这样信念的人以自身意愿为出发点，对某一事物怀有认为其必定发生或不发生的信念，如"我必须获得成功""别人必须很好地对待我"等。怀有这样信念的人极易陷入情绪困扰中。

2. 过分概括化

这是一种以偏概全的不合理思维方式的表现。过分概括化一方面是人们对自身的不合理评价。如遭遇失败或挫折，就认为自己"一无是处""一钱不值"等。从一件或某件事来评价自己作为人的价值，结果则常导致产生自责自罪、自暴自弃的心理及焦虑、抑郁情绪。过分概括化的另一方面是对他人的不合理评价，即别人稍有差错就认为他很坏、一无是处等，这会导致一味地去责备他人，进而产生敌意和愤怒等消极情绪。

3. 糟糕至极

持这样信念的人认为如果一件不好的事发生了，将是非常可怕、非常糟糕的，甚至是一场灾难。如"我没考上大学，一切都完了"这种极端、灾难化的想法容易让个体陷入不良的情绪体验，如耻辱、焦虑、悲观、抑郁的恶性循环中而难以自拔。

同学们要想远离消极情绪,就要改变认知,及时摒弃这三种不合理信念,时刻保持一种乐观的积极情绪,去迎接挑战、面对困难。个体识别、调整、管理情绪的能力反映其自身情商高低。高情商的人能较好地调整、管理自我情绪,可以把不易控制的或消极的情绪转变为可控制的、积极的情绪,且善于理解他人,能够与他人愉悦交往、和谐相处。

心理学家研究发现,能够控制自身情绪并富有洞察力的人更有可能获得成功。在美国马萨诸塞州,研究者对450名男孩进行了智商测试,其中三分之一的人智商低于90。40年后,研究者对这些人再次进行调查,发现智商的高低和他们所取得的成就关系并不大,那些善于控制情绪、能与他人和睦相处的人是做得最好的人。因此,掌握情绪调节的方式、方法,学会管理、调整情绪,是同学们需要培养的能力。

二、浅谈高中生的情绪调节

高中阶段是生理、心理发展的一个关键期。青少年由于身心发展中的矛盾,其情绪和心境会出现不平衡乃至暂时性的紊乱,烦恼、孤独和压抑等消极情绪会增多,主要呈现以下情绪特点。

烦恼增多。在高中时期,由于自我意识发展及自尊心需要,高中生十分注重自己的外观形象,渴求得到别人的承认和喜爱,会为在公众面前的个人形象以及在同伴和集体中的个人尊严、地位而烦恼。

孤独感、压抑感增强。这一时期,高中生十分需要朋友相伴,如果缺乏与同伴交往,建立不了相应的社会关系,他们便会产生孤独感,陷入压抑的困境。而在遭遇挫折时,由于要维护精神上独立的自尊,他们不会轻易向成人求教,又会陷于孤立无助。

成就感与挫败感交替。如果获得成功,他们便会拥有超越一切的优越感与成就感,但是如果遇到失败,他们又会产生自暴自弃的挫折感,这两种情绪常常交替出现。

在高中阶段,要想摆脱烦恼、孤独、压抑的消极情绪,同学们需要进行自我情绪调节。一个人的积极情绪和消极情绪是此消彼长的,同学们可尝试用以下的小方法培养积极情绪。培养积极情绪的小妙招如下。

(一)写"幸福日记"

可以用日记的方式记录自己生活的幸福点滴,记录自己感动和感恩的人、事、物及感受。如解决了一道难题、同学关爱自己的一句话、一个感动故事等。

(二)记"成就事件"

每天记录当天完成的或感觉不错的三件事,解释为什么感觉不错,并坚持下来。从成就事件中可以看到自己的能力优势,这有利于培养自信。

(三)忆"闪光时刻"

同学们可以回忆过去,记忆自己的闪光时刻、难忘时刻,思考:这件事为什么让自己难忘?难忘的是哪些内容?从这件事中你看见了自身什么能力?展现出了自己哪一面?第二天可对故事予以温习,坚持1周。

三、掌握转变消极情绪的技巧

积极乐观的情绪往往能使个体产生激情,有了激情就有了奋发向上的斗志,结果和结局往往就会发生变化。那么如何转变消极情绪呢?

(一)转移注意力

通过改变关注焦点来转移注意力。情绪低落时,可以做一些平时感兴趣的事,使自己从消极情绪中解脱。把久置未动的画笔拿出来画个画、给阳台上的花浇水、收拾下凌乱的房间等都是不错的办法。

(二)呼吸调节法

人在情绪愤怒或激动的时候,呼吸通常较为急促。利用呼吸调节法有助于情绪放松、注意力集中。呼吸调节法的具体做法如下:①身体放松。②首先把气从嘴和鼻子里慢慢吐出来,边吐边使腹部凹进去。待完全吐出后,再慢慢从鼻子吸进空气,感受腹部渐渐鼓起。吸足气后,暂停呼吸,再从鼻子轻轻吐气,并让腹部凹进去。③练习时,还可以一边吐气一边默数,数到10时再从1重新开始数,这样注意力会集中到数数上,分散对消极情绪的关注。

(三)适当表达法

当身边人的行为、语言让你产生不良情绪时,建议用适当的方式告知对方。这样既能排遣你的情绪,消除内心芥蒂和隔阂,又能让对方知晓他的哪些言语或行为给你带来了困扰。向亲朋好友适当倾诉也是不错的方法,既可使自身心情放松,还能获得安慰、开导以及解决问题的建议。

(四)合理宣泄法

当某些消极情绪太过强烈,并且无法通过转移注意力和呼吸法来调节时,不妨给情绪一个出口,合理宣泄一下情绪。①哭——适当地哭一场。从科学的观点看,哭是自我心理保护的一种措施,能够释放不良情绪产生的能量,调节机体的平衡。哭可以缓解烦恼、痛苦情绪,许多人哭过一场后,感觉痛苦、悲伤的情绪会减少许多。②喊——痛快地喊一回。受到不良情绪困扰时,不妨痛快地大喊一回、大喊几声。通过强烈且无拘无束的喊叫,能将内心的积郁发泄出来。③动——通过运动来缓解。情绪低落时往往不爱动,越不动,注意力就越不容易转移,情绪就越低落,然后形成恶性循环。因此,我们可以通过跑步、打球、健身操等活动调节不良情绪。

合理发泄情绪指在适当的场合、用适当的方式排解心中的不良情绪,以防止不良情绪对自我身心造成危害。但发泄不同于放纵,不同于任性和胡闹。如果不分时间、场合和地点随意发泄,不但不会达到调控不良情绪的目的,而且还会造成不良后果。因此,同学们应该注意发泄情绪的场合和方式。

四、学习历史学家的人生态度

原本默默无闻的小人物托马斯·卡莱尔在40岁那年开始撰写历史著作《法国大革命》,这部书稿耗费了他大量的心血,他迫不及待地将书稿交给了自己的好友——颇负盛名的哲学家和经济学家詹姆斯·穆勒,请他当书稿的第一位读者。

穆勒没有辜负朋友的重托,花了4天的时间就将全书阅读完了,他认为这是一部了不起的著作。穆勒抑制不住内心的激动,将书稿放在椅子上,走出书房,想着如何用自己的影响力,使这部著作能尽快引起外界的关注。然而,灾难就在这一刻发生了。因为有风,书稿被吹落一地,前来送甜点的女佣误以为是主人丢弃的废纸,便将它们顺手投进了火炉。穆勒知道后,怀着巨大的内疚将这个坏消息告诉了卡莱尔。卡莱尔一下子惊呆了,良久才从震惊中清醒过来,并对内疚的好友说:"我的朋友,你不必痛苦,我已经决定,从现在起重写这部书。"然而,重写谈何容易?对一位作家而言,将一部已经完成的著作靠记忆重写一遍,比另起炉灶新写一篇更为吃力和痛苦。但是,卡莱尔顶住了巨大的精神压力,以乐观的心态和罕见的毅力在数月之后将书稿重新完成了。卡莱尔最终也因这部历史巨著而享誉国内外。

积极的心态创造人生,消极的心态消耗人生。正如卡莱尔说的:"接受已经发生的,改变可以改变的。"我们没有能力去阻止已经发生的事情,但我们有能力去改变已经发生的事情对我们现在生活的影响,无论情况好坏,我们都要怀有积极的态度。

第二节　培养坚韧品格

俄国短篇小说巨匠契诃夫说:"困难与折磨对于人来说,是一把打向坯料的锤,打掉的是脆弱的铁屑,锻成的将是锋利的钢刀。"拥有坚韧的意志品格是成熟、成功的基础,高中生应有意识地在困难和挫折中培养自身的坚韧意志。

一、坚韧的品格

坚韧是指身体及精神在遭遇困难、压力时,有坚持而不放弃的忍受力,即面对危险与灾难时精神坚定,并具有坚强的耐受力、勇气及后劲。

坚韧的品格是成功者的特质之一,也是高中生成才和成长的要求。高中生从入学起,就承受着较大的思想压力。一方面,诸如环境的不适应、学业上的压力、综合素质的提高、升学竞争压力等;另一方面,高中生正值青春年少,缺乏人生经验,抗挫折能力与调控能力较差。

在面对困境与重压时,容易沉陷在消极的泥潭不能自拔。这不仅影响其学业的发展、智能的发挥,而且还使潜能挖掘、综合能力的培养及人格的完备受到抑制。当今社会竞争越来越强,挑战和压力、困难和挫折无时不在。因此,培养学生坚韧的品格,使其拥有顽强的意志和高逆商是十分必要的。

逆商(AQ)全称"逆境商数",指的是个体面对逆境时的反应方式,即个体遭遇挫折时摆脱困境和超越困难的能力,也称挫折商、逆境商或耐挫力。在智商相当的情况下,逆商对一个人的成功有着决定性的作用。面对挫折,如果选择了放弃,就是选择了失败。

面对同样的遭遇,高逆商者和低逆商者的区别是非常大的:①高逆商者产生的挫折感低,低逆商者则会产生强烈的挫败感。②高逆商者自信心强,相信凭借自身努力能改变逆境,可以东山再起;低逆商者则会觉得一切无能为力而一蹶不振。③高逆商者能清楚认识困境原因,愿意承担责任、采取有效行动;低逆商者则只会过度自责或怨天尤人。④高逆商者能将逆境的负面影响限制在一定范围,不扩大影响到其他层面;低逆商者则会使负面影响不断扩大,弄得工作和生活一团糟。⑤高逆商者的消极情绪持续时间短;低逆商者一旦陷入消沉等消极情绪,便难以自拔。逆商是个体生涯成功非常重要的因素之一,高逆商者一般也是同时具有顽强的意志和不屈不挠的毅力、敢于超越自我的勇气的人。

逆商不是天生的,是通过实践锻炼培养的,同学们可以有意识地培养和提升自身逆商。

(一)提升自身逆商,要远离舒适区

我们应适时自设困难、自找苦吃来磨炼并提升自己的逆商。常居舒适区会消磨或减弱一个人的斗志,而挑战困难的成功及体验,能促使个体积累经验、培养自信,增强面对新挑战、新困难时的意志力和能力,促使逆商提升。同学们可在课业之余,选择挑战一个项目坚持下来,以培养自己的逆商,如跑步、洗冷水澡等。

(二)提升自身逆商,要学会调控自身情绪

个体情绪愉悦时,体内会发生奇妙的变化,能催生出新的动力和力量。因此,学习和掌握调整心态的技巧、方法,让自己及时摆脱消极情绪,拥有积极的心态和情绪是非常必要的。自我激励、榜样激励等都是不错的方法。

(三)提升自身逆商,要有意识地培养坚定的性格

正面、积极的体验能增强、提高个体心理储备,促使个体逆商提高。如遭遇困难时,做到冷静判断;在解决问题时,行动果敢到位,这些行为能促使问题较好解决,使个体收获自信体验、积累成功经验。所以,同学们要有意识地培养自己理智、坚定的处事风格和性格。

(四)提升自身逆商,要储备经验

逆商是培养出来的,可以自主选择尝试做一些挑战性项目

来储备体验、经验和能力,提高自己的逆商,使自己在遭遇真正的逆境时有备无患。

二、自测意志力

当处于逆境或面对挫折时,由于意志力不同,人们会产生不同的反应,呈现不同的逆商。你知道自己的意志力如何吗?请阅读以下题目,选择符合自己的选项。

我很喜欢长跑、长途旅行、爬山等运动,但并不是因为我的身体条件符合这些项目,而是因为它们能锻炼我的意志力。( )

  A. 很同意　　B. 比较同意　C. 说不准

  D. 不大同意　E. 不同意

我给自己制订的计划常常因为主观原因不能如期完成。( )

  A. 这种情况很多　B. 较多　C. 不多不少

  D. 较少　　　　　E. 没有

如果没有特殊原因,我每天都会按时起床,不睡懒觉。( )

  A. 是　B. 较多是　C. 说不准　D. 很少是　E. 不是

执行计划应有一定的灵活性,如果完成计划有困难,可以随时改变或撤销它。( )

  A. 很同意　B. 比较同意　C. 说不准

  D. 不大同意　E. 不同意

在学习和娱乐活动发生冲突时,哪怕这种娱乐活动很有吸引力,我也会马上去学习。( )

  A. 经常如此　B. 较多如此　C. 时有时无

D. 较少如此　E. 并非如此

学习或工作中遇到困难的时候,最好的办法是立即向师长、朋友或同学求援。(　)

A. 同意　B. 较同意　C. 无所谓　D. 不大同意　E. 反对

在练长跑的过程中,觉得跑不动时,我常常咬紧牙关,坚持到底。(　)

A. 经常如此　B. 较多如此　C. 时有时无

D. 较少如此　E. 并非如此

我常会因读一本引人入胜的小说而不能按时睡觉。(　)

A. 经常如此　B. 较多如此　C. 时有时无

D. 较少如此　E. 并非如此

我在做一件应该做的事之前,常能想到做与不做的不同结果,然后有目的地去做。(　)

A. 经常如此　B. 较多如此　C. 时有时无

D. 较少如此　E. 并非如此

如果对一件事不感兴趣,那么不管它是什么事,我的积极性都不高。(　)

A. 经常如此　B. 较多如此　C. 时有时无

D. 较少如此　E. 并非如此

当同时面临一件应该做的事和一件不该做却吸引着我的事时,我常常经过激烈的思想斗争,让前者占上风。(　)

A. 是　B. 有时是　C. 说不准

D. 很少是　　　E. 不是

有时我躺在床上,下决心第二天要做一件重要的事情,如突击学一下英语,但到第二天,这种劲头又消失了。(　)

A. 经常如此　B. 较多如此　C. 时有时无

D. 较少如此 E. 并非如此

我能长时间做一件重要但枯燥无味的事情。（   ）

A. 是   B. 较多是   C. 说不准

D. 很少是   E. 不是

生活中遇到复杂情况时，我常常优柔寡断、举棋不定。（   ）

A. 经常是   B. 较多是   C. 时有时无

D. 很少是   E. 没有

做一件事之前，我首先想到的是它的重要性，其次才想它是否使我感兴趣。（   ）

A. 是   B. 较多是   C. 说不准   D. 很少是   E. 不是

遇到困难时，常常希望别人帮我拿主意。（   ）

A. 是   B. 较多是   C. 说不准   D. 很少是   E. 不是

我决定做一件事时，常常说干就干，决不拖延或让它落空。（   ）

A. 是   B. 较多是   C. 说不准   D. 很少是   E. 不是

在和别人争吵时，虽然明知不对，我却忍不住说一些过头的话，甚至骂他几句。（   ）

A. 是   B. 较多是   C. 说不准   D. 很少是   E. 不是

我希望做一个坚强的、有意志力的人，因为我深信"有志者事竟成"。（   ）

A. 是   B. 较多是   C. 说不准   D. 很少是   E. 不是

我相信机遇，很多事实证明，机遇的作用有时大大超过人的努力。（   ）

A. 是   B. 较多是   C. 说不准   D. 很少是   E. 不是

[计分标准]

每道题后面的5个选项,凡单号题,从A到E依次记5、4、3、2、1分;凡双号题,从A到E依次记1、2、3、4、5分。

[测试结果]

81~100分	意志很坚强
61~80分	意志较坚强
41~60分	意志品质一般
21~40分	意志较薄弱
20分	意志很薄弱

三、人生不设限

他天生没有四肢,却走遍了50多个国家;骑马、游泳、跳水、冲浪、踢球、打高尔夫,健全人未必能行的,他样样皆能;他还创办了演讲公司,让百万人听到他的励志声音。他说:"我生成这样,就是为了给更多人希望。"他就是全球知名的励志演讲家尼克·胡哲。

1982年12月4日,尼克·胡哲出生于澳大利亚墨尔本。他患有"海豹肢症",天生没有双臂和双腿,只在左侧臀部以下的位置有一个带着两个脚指头的小"脚"。

尼克·胡哲虽然生来残疾,但是他的父母却像对待正常孩子一样教育他,教他用自己的身体做很多事情。18个月大时,父亲就把他放到水里,让他学习游泳;6岁时,父亲教他如何用身体仅有的"小鸡脚"打字,而母亲则为他特制了一个塑料装置,好让他学会"握笔"写字;8岁时,父母把他送入一所普通小学就读。因身体残疾，尼克·胡哲饱受同学的嘲笑和欺侮。他一度非常消沉，但在父母的不断鼓励下，他终于战胜了自己的"心魔"，培养了坚韧的品格，逐渐交到了朋友。

13岁时，报纸上一则残疾人走出困境并找到自身人生意义的故事让尼克·胡哲深受启发。此后，他怀着更加积极、乐观的心态生活，努力学习做更多的事，变得更独立。19岁时，尼克·胡哲开始了追逐梦想的旅途——通过演讲和讲述亲身经历去鼓励其他人、给人们希望。凡是听过、看过他演讲的人，无不为他顽强、乐观、坚韧和永不放弃的精神所感染。

对于尼克·胡哲来说，他的人生是曲折的、不易的，但同时他的人生也是精彩的、不屈的，他用坚强的生命力赋予了这个世界一笔巨大的精神财富！

第三节　挖掘自我潜能

各行各业的精英之所以成功，大多数是因为善于挖掘自身潜能并使之充分发挥。潜能是人人都有的天然宝藏，但它就像深藏在岩石底下的宝石，如果没有艰苦的发掘和精心的雕琢，就不会散发光彩。

一、潜能

潜能是指个体身心等方面存在的发展可能性，它是一种蕴藏于人体、在一般状态下不显现的能量。

潜能是人类最大而又开发得最少的宝藏！据美国心理学家威廉·詹姆斯研究：一般人的潜能只开发了2%~8%，像爱因斯坦那样伟大的科学家也只开发了12%左右,我们体内有90%左右的潜能还处于沉睡状态。由此可见,贮存在人体内的能量是巨大的。

潜能的挖掘和发挥对于个体的发展有着极大的影响和作用,是个体获得成功的重要因素。著名科学家爱迪生是人类潜能得到开发的一个典型。爱迪生小时候,因为被教师认为愚笨而失去了在学校接受正规教育的机会。退学后,他在母亲的帮助下,经过独特的心脑潜能开发,发明了电灯、电话、电影、电报、录音……他一生共完成2000多项发明创造,申请专利达1328项,是世界上著名的发明大王,也是人类历史上最伟大的发明家之一。

潜能对个体成功的价值和意义不言而喻,但潜能需要开发。强烈的愿望、坚强的意志和高度的自信是有效开发潜能的三大要素。

(一)强烈的愿望

强烈的愿望是潜能开发最直接的影响要素。寻求更大领域、更高层次的发展,是人类根本的意识需求。这种炽热的、旺盛的发展需要,是渴望成功的表现,是潜能蓄势待发的前兆。

当个体强烈渴望某个事物,尤其当这种渴望强烈程度已深入其潜意识时,便会求助于潜意识中意志和智慧的潜在力量。这些力量在愿望的推动和刺激下,会表现出不同寻常的超强力量,从而把潜能很好地激发起来、释放出来。

(二)坚强的意志

坚强的意志是为达到既定目标而自觉努力的心理过程,是潜能得以开发的基础和前提条件。潜能的神奇力量能被激发出来,通常都是坚强的意志在起作用。只有在一定的压力下,才能最大限度地开发自身的潜能。因此,我们在面临艰难的挑战和巨大的压力时,其实也是在不知不觉间培养或提升自己的诸般能力。拥有坚强的意志,才能经受住压力。坚强的意志不仅是行动的最好保障,而且也有利于把潜能发挥到极致,创造出令人震惊的奇迹。

(三)高度的自信

自卑和自我怀疑是激发潜能的最大敌人,而信心则是开发潜能的精髓、灵魂。无论在学习还是工作中,只有当我们拥有高度自信时,潜能才会被最大限度地激发出来。

二、挖掘潜能,铸就人生

1980年6月27日,南京一位普通工人周弘的生活被彻底改变了,因为他有了一个不普通的女儿——双耳全聋的周婷婷。婷婷长得很漂亮,但她和别的聋童一样很自卑,周弘决定要为女儿打开有声世界的大门。

语言是思想的基础。婷婷虽然听不见,但视力特别好,于是周弘开始教女儿学文字。周弘发明了母语玩字法,他把女儿说的每一句话写在墙上、地上、桌子上、身上、手上。看见星星就写"星星",看见孩子哭就写"哭",每次到大自然中玩,父女俩都玩得满身是字回来,他不问孩子认了多少字,语言却渐渐进入了孩子的潜意识。

正因为是聋儿,所以更依赖文字。婷婷靠着这根"绳索"来到了光明的世界,也开发了自己的心智。在小学,婷婷连跳两级。周弘将美国天才儿童行为表贴在台板上,当婷婷读书忘记吃饭时，周弘就欣喜地将她拉到台板前，鼓励道："孩子，你看，你符合天才儿童的第一条，读书废寝忘食，你不是天才谁是天才？"

当婷婷有一次数学成绩不及格时，周弘笑着说："太好了，你不是要当海燕吗？现在暴风雨来了。"婷婷写的每篇作文，周弘都用红笔将好句子画出来让婷婷高声朗读，让全家热烈鼓掌，婷婷高兴得梦中都在想好句子。

婷婷的智商是105，远低于所谓天才儿童的130，但在父亲的培养下，婷婷的潜能得到了释放，创造了一个又一个人生奇迹。她在6岁时就能认识2000多个汉字；8岁时就能够背诵圆周率小数点后1000位，打破了当时的吉尼斯世界纪录；16岁时成了中国第一位聋人少年大学生；20岁时被美国加劳德特大学录取为研究生——第一个中国聋人研究生。

第四节　重视沟通合作

俞敏洪在《愿你的青春不负梦想》中说："如果有人与你一起坚持一个目标，一定要再拉一个人和你们一起坚持，因为群体干一件事情，会比个体干一件事情坚持更久。一个人走路可能更快，但一群人走路往往会走得更远。"合作的力量毋庸置疑，合作不仅是一种积极向上的心态，更是一种智慧。他人会因你而温暖，你会因别人而阳光。

一、团队精神与合作

团队精神，简单来说就是大局意识、协作精神和服务精神的集中体现。团队精神的基础是尊重个人的兴趣和成就,核心是协同合作,最高境界是团体的向心力和凝聚力,反映个体和整体利益的统一。

团队精神对任何一个组织体系来讲都是不可缺少的。缺少团队精神,组织就如同一盘散沙,难以长存和发展。对于个人来说,只有具备团队精神、会合作,才能不断适应新环境,更好地融入团体和立足社会。

团队合作对于高中生而言也十分重要。大多数会合作的学生道德更高尚,生活技能更强,更具解决问题的能力。团队合作对高中生提高全面综合素质大有益处。

(一)增强自信,学会与人沟通和相处

当下,高中生大多是独生子女,敢于尝试挑战、有竞争意识、自我观念突出等是他们的特点。但青春期的他们既会在收获时充满自信,也会在遭遇挫折时自卑或怨天尤人。团体合作的宗旨和目的是协作共赢、扬长避短。团队合作中,每个人都用自身的长处和优势去解决问题、协作共处。因此,团队合作对高中生鞭策、提升和完善自己具有极大的推动力,在某种程度上减少了他们独自面对困难时的不利或不利所带来的打击及负面情绪,培养、增强了他们的自信。在合作互动的过程中,还能学会关注他人,倾听他人的观点,并与他人良好沟通,学会与他人和睦相处。

(二)提升安全感和积极性

一定的竞争氛围可以激发学习积极性,促使学生集中注意力、斗志昂扬并精力充沛地获得更高的学习效率。但由于他们还不能较好地调节外部和内部学习动机,很多学生会因为一次或几次失败而贬低自己,甚至对学习失去信心。而团队合作的情境则能带给他们一种安全感,让他们认为团队合作成功的可能性更大,他们会更有信心,减少担忧或害怕情绪。因此,在团队合作中,他们更能以积极的状态投入其中。

(三)提高主动性、成就感和自我认同

团队合作既能培养学生之间的合作精神和能力,在一定程度上也能提升他们的成就感和自尊心,并改善他们与同学、老师的关系。在团队合作中,每个人都朝着团队共同的目标努力奋斗,每个人都在发挥自己的作用,他们会感到自己在团队中是重要的、有价值的,从而提升自尊。团队中的努力和付出既让其收获成就感,同时还可受到其他成员的积极鼓励、鞭策和认同,这种被他人肯定、信任和喜爱的体验也促使他们能够建立自我认同,进而在学习和生活上变得更加积极主动,愿意与老师和学校积极配合,个人主动性发挥得更加完善。

(四)培养合作的品质和能力

很多学生在学习和生活中缺乏合作意识,当他人的想法与自己不一致时,常会固执己见,不知如何求同存异;有的同学对他人很挑剔,缺乏客观看待事情的品质;个别家境较好、有优越感的学生更不容易做到宽容待人和与人合作。

在合作与交流中,能认识到每个人都有各自的长处和不足,合作是寻找伙伴积极的而不是消极的品质,这培养了学生求同存异的素质,使个性达到了良好的平衡。在与他人的交流和合作中,还能学会确立目标、合理分工、制订计划、整合知识等,在执行任务、积极付出或引导合作目标的过程中,培养了自身的领导潜质和合作能力。

二、如何做到良好沟通

具有团队精神、会沟通、懂合作,已成为社会的发展要求和当代人的必备素质。沟通是团队合作、人际交往的基础,那么如何才能做到良好沟通呢?

(一)包容、欣赏他人,增进沟通

每个人都有自己的性格特征,交往模式、思维模式和表达方式都会有所不同。有时候,这些差异会成为启发我们灵感的源泉,丰富我们思考问题的广度和深度。他人的行事风格与自己不同,并不代表他人的方式就一定不好,这一差异有时候恰好能弥补我们的不足。因此,要学会欣赏别人,多一份接纳和包容,这样才能更好地增进沟通、促进合作。

(二)倾听、理解他人感受

西方有句名言:"上帝分配给我们两只耳朵,而只给我们一张嘴巴,就是要我们多听少讲。"学会倾听,不仅要用耳朵听,还要用眼睛和心去听。既要倾听他人的言语和想法,也要倾听到他人的烦恼与快乐、性格与智慧。这些是要用心聆听才会发现的。

站在对方的立场去感受和设想。与他人沟通时,要做到不打断别人的谈话;用温暖、尊重的心态与对方沟通;在相异的观点处,站在对方的视角去考虑和感受。这样我们就可以在相互理解中更快地达成一致了。

(三)清晰、友好地表达自身情感

清晰表述是良好交流的前提,是达到良好沟通的基础。人是感性的动物,情感关系是良好沟通的第一步。因此,在沟通时应坦诚相待、适当表达自身情感。交流中如果过分压抑自身情感,不仅会失去和他人情感交流的机会,还可能给自身留下创伤,影响自我心理健康。交流中自我情感的流露可以通过言语,也可通过表情、肢体语言或者语调、语气来实现。但在交流过程中,切记不加任何掩饰地流露自身的负面情绪会给他人带来伤害,阻碍双方进一步沟通。

要想实现良好沟通,沟通的技巧和方法、沟通中自我的积极主动性及反省与调整等都必不可少,同学们可在进一步的学习中去感受。

三、分工合作的奇迹

在一家制针的小型企业,经理介绍说:"一枚针看起来小得不起眼,但制针的过程却很复杂,具体可分解为若干道工序:一个人抽丝,另一个人拉直,第三个人切断,第四个人削头,第五个人磨光顶端以便安装针头……最后一个人将针装进纸盒。这样,整个制针过程被分成大约18道不同的工序。"

那个制针车间里总共10名工人,每名工人只负责其中的一两道工序,看上去很轻松。根据当前的生产状况,你知道他们一天能制造出多少枚针吗?从那位经理处得知,一天至少能制造4.8万枚中等大小的针。

这简直难以置信,因为照这个数字去计算,平均每人每天制针高达4800枚。如果让一个人负责所有的制针工序,那么一天会制造出多少呢?管生产的经理告诉我们,恐怕连480枚都不容易,平均下来,每人每天最多制48枚。

同样完成这件事,因为采取的方式不同,结果竟然有如此大的差别：分工合作所取得的成效是个人单干的100倍。这也是为什么很多工厂都采用流水线生产模式。可见,加强合作、齐心协力可使个人的力量得到足够放大,做出单独一个人根本不能做出的事业来。

企业中是如此,在团队和社会工作中又何尝不是呢？个体在携手合作中各司其职,扮演好自身角色,价值才有可能实现最大化,团队及社会才能高速、有效地运转。

第五章　高中阶段重要能力的养成

第一节　时间管理能力

目前在我国越来越受重视的"自主招生",这是高中生能力考核形式。本章,我们将向大家详细介绍在高中阶段特别重要的几项能力以及如何进行提升。

美国纽约市阳光集团董事局主席约翰先生是一位善用时间的杰出人士,他说:"我的成功并无其他诀窍可言,我个人认为能否善用时间,便是成功的关键所在。不管工作有多劳累、多忙碌,每天我都会比别人多利用一个小时来努力工作,如果持之以恒,则二年累积下来就有365个钟头。如果按每天24小时计,那么,我每年就比其他人多出15天可以运用。"珍惜时间、善用时间,当你抱怨时间不够用的时候,想想鲁迅说的话:时间就像海绵里的水,只要愿意挤,总还是有的。

一、时间管理法则

(一)帕累托法则

帕累托法则又被称为80/20法则,它是指在任何大系统中,约80%的结果是由该系统中约20%的变量产生的,通俗一点儿来说,就是20%的投入产生80%的效益。该法则是由意大利经济学家和社会学家帕累托发现的,最初只运用在经济学领域,后来这一法则推广到了社会生活的各个领域。

在时间管理方面,帕累托法则与人类生理特点相结合产生的应用有更好的适用性。一天24小时,按照人类生理特性,有一段时间必然是学习工作最高效的时间,我们称其为高峰时间或少数的重要时间;有一段时间是学习工作效率最低的时间,我们称其为谷底时间或多数的不重要时间;其余时间的学习效率则介于高峰时间和谷底时间之间。高峰时间和谷底时间的区分方法是看在这段时间里你的精力是否充沛、思维是否活跃、精神是否能集中、效率是否高。

例如,在学习方面,如果一个人每天学习10小时,按照帕累托法则,其中2小时的学习效率最高,这2小时最能达成学习满意度,则这2小时就是高峰时间。聪明的人总是将高峰时间用于完成最重要同时也是最困难的事情,所以他们的学习效率更高。

(二)ABC法则

ABC法则,即ABC分类法,它又被称为重点管理法,根据事物的技术、经济方面的主要特征,进行分类排列,从而实现区别对待区别管理的一种方法。ABC法则是由帕累托法则衍生出来的。不同的是,帕累托法则强调的是抓住关键,ABC法则强调的是分清主次。

ABC法则将管理对象划分为A、B、C三类。A类是最重要、最迫切而且必须做好、后果影响大的工作;B类是一般来说也很重要,但是后果影响不大的工作;C类是价值微小、不迫切且后果影响小的工作。

应用ABC法则进行时间管理的时候,常常与帕累托法则结合进行,就是在最有效的A时间段里,做最重要的A类事情;在效果一般的B时间段里,做较重要的B类事情;在效果不佳的C时间段里,做不重要的C类事情。

所以,利用ABC法则进行时间管理,有两点必须十分明确:第一,把你的时间划分为A、B、C三类;第二,把你的事情划分为A、B、C三类。

利用ABC法则进行时间管理,可以制作学习时间管理表格,每天晚上睡觉前填写第二天的表格,第二天按表格实施(表中时间分类为假设情况)。

表5-1　ABC时间管理表格

时间类别	A类时间 (　　)	B类时间 (　　)	C类时间 (　　)	执行情况检查
任务类别	A类任务 1.…… 2.…… 3.…… 4.…… 5.……	B类任务 1.…… 2.…… 3.…… 4.…… 5.……	C类任务 1.…… 2.…… 3.…… 4.…… 5.……	

表格填写说明:表5-1中的A类时间下面的括号是由同学们根据自己的实际情况填写具体的时间段,B类时间和C类时间的亦同。表中每一类任务的1、2……又是依照任务的重要性再次排列。

在20世纪初期,伯利恒钢铁公司总裁查尔斯·施伯瓦抱怨时间太少,工作做不完。他花了大部分的时间应付细节和一些不重要的事,根本就没有时间去思考更重要的事。他向当时著名的管理学家雷艾维请教,该怎么做才能解决这个困境。雷艾维把张白纸递给施伯瓦说:"把你明天要做的最重要的事项记下来,按重要程度依次编上号码,当你早上一上班,马上从第一项工作做起,一直做到完成为止。再检查一下你安排的次序,然后开始做第二项。如果有一项工作要做一整天,也没有关系,只要它是最重要的一项工作,就坚持下去。如果你没有做完,那你用其他办法,也不可能做完。如果你不建立某种制度,恐怕连哪项工作最为重要你也难以决断。请把这个办法就作为你每个工作日的习惯做法。在你自己这样做了以后,要你公司里的人也照样做。你愿意试用多长时间都行,然后送张支票给我,你认为这个办法值多少钱就给我多少钱。"几个星期后,施伯瓦送给雷艾维一张25000美元的支票,附了一张条子说,这是他学过的各种办法中最得益的一种。5年后,它帮助施伯瓦赚取了1亿美金的利润,并成为世界上有名的钢铁巨头。

施伯瓦和他的团队之所以成功,是因为他们做到了三点:(1)把每天要做的事列一份清单;(2)确定清单中所列事情的优先顺序,从最重要的事情做起;(3)每天坚持这样做。

(三)艾森豪威尔原理

艾森豪威尔原理又称四象限法则,创始人艾森豪威尔是美国第三十四任总统,他是美国历史上一个传奇人物。他出身贫穷,考入了美国西点军校,毕业后先后担任少尉、少校、中校、参谋长、少将、中将、上将、哥伦比亚大学校长、美国总统。他的成功与其擅长管理时间的习惯是密不可分的。

该法则是指规划时间的时候,预先将计划中的事情和可能发生的事件按照其重要性和紧急性进行划分,有意识地将事件划分为四种类型:重要又紧急、重要不紧急、不重要又紧急、不重要也不紧急。重要性是指与目标有关的活动,凡是有价值的有利于组织和个人目标实现的都是重要的事。紧急性是指必须立即处理的事情，拖延不得。

这样，可以按照表5-2的方式将事情归类到四个框架中，在遇到事情的时候，就可以按照预先规划的处理方法进行处理。

表5-2　四象限法则分布表

	重要	不重要
紧急	危机 危险的问题 考试	不速之客 某些电话 某些信件 凑热闹的活动
不紧急	防患未然 建立人际关系 发掘新机会 规划、休闲 日积月累地学习 对未来工作的准备	某些电话 某些信件 闲聊 游戏 看电影、电视

重要而紧急的事情要先做，马上去做，它是必须要做的事情。重要不紧急的事情要重视，要坚持做、长期做，它是应该做的事情。紧急但不重要的事情要少做或授权别人去做，它是量力而为的事情，有些是可以委托别人帮助做的事情。不紧急也不重要的事情最好不做，它是可以删除的事情。特别需要注意的是，紧急不重要的事情拖着不做，慢慢就会变成紧急重要的事情。

艾森豪威尔是军人出身，军人以服从命令为天职，较少顾及个体生理特性，所以在他的四象限法则中没有考虑高峰时间、低谷时间，而仅仅是按照重要程度和紧急程度来划分。

ABC法则中考虑了个体生理特性和事情的重要程度,但是对于紧急程度没有进行区分。

活动目标:管理时间的高手是如何炼成的?

活动流程:①一天结束后,将一天的时间安排以分钟为单位,巨细无遗地罗列下来,填写在下表中。如6:30—6:45起床并洗漱;6:45—7:15吃早餐;7:15—7:30整理用品,出门上学;7:30—7:50从家到教室……②盘点"我的时间表"。观察A、B、C时间段内各种事件的分布和执行情况。③根据学会的时间管理的三个原则,对一天的时间表进行优化。④根据优化结果,制作明天的时间表。⑤明天晚上对自己的实际时间表进行盘点,并与计划的时间表相对比,继续优化。⑥分享。

我的时间表

时间段	具体事件	事件的分类	时间的分类	执行情况检查

表格说明:事件的分类可分为四类A、B、C、D,分别对应重要又紧急、重要不紧急、不重要又紧急、不重要也不紧急。时间的分类可分为三类A、B、C,分别对应高峰时间、一般时间、谷底时间。

如实记录的一天时间表会告诉我们实际时间的使用情况,

事件的分类可以帮助我们更好地发现时间是如何被我们花费的,时间的分类可以帮助我们清楚地知道在高峰时间里是否完成了最重要的事情,执行情况检查可以帮助我们对时间的分配使用有清晰的判断。我们会发现很多意想不到的时间浪费了,而且让人惊讶的是,时间每天都以同样的方式被浪费。上面的活动可以帮助我们发现时间的敌人,修炼成管理时间的高手。

清华大学姐妹花马冬晗、马冬昕的一张学习计划表和一段姐妹俩申请清华大学本科生特等奖学金的答辩视频在网络上走红。有一份精确到小时的学习计划表在网络上疯传。姐妹俩刚进入清华时的学习成绩并不太好,但是她们根据自己制订的计划表行动,让姐妹俩取得了骄人的成绩。马冬晗三年学习成绩中有11门课程排名课程班第一,40%课程超过95分,60%课程排名课程班前十。马冬昕的学习成绩也很好,获得了化学系学习标兵的荣誉。姐妹俩不仅学习成绩好,志愿服务、社会实践、学生干部也都做得非常好。这份计划表精确到了小时,看了她们的视频,有同学说:"看着她们,再看看自己,我觉得自己连呼吸都在浪费时间。"有网友说:"姐妹俩把属于自己的时间充分利用起来,她们并不是学习的奴隶,而是时间的主人,她们懂得如何合理安排时间,在规定的时间内全身心地去做该做的事,这对姐妹花的成功,给我们上了一节生动的珍惜时间的课。"

清华大学姐妹花,她们的时间表设计颇好,很具有借鉴性。结合前面论及的三个时间管理的原则,我们可以以表5-3为模板进行学习计划表的个性化设计。

表5-3　一周学习计划表

第　周计划	周一	周二	周三	周四	周五	周六	周日
6:00—6:40							
6:40—8:00							
第一节							
第二节							
11:25—13:30							
第三节							
第四节							
第五节							
第六节							
20:55—22:30							
22:30—23:00							
计划完成情况							
学习情况							
实践工作							
体育锻炼							
修养品行							
一天总结							

在完成学习计划表的过程中,你会发现你的时间是怎么花

掉的,会发现一天里只有很少部分时间是空闲的,当你意识到自己的空闲时间这么少时,它会促进你提高学习效率,以期使自己自由空闲的时间变长。

二、时间管理的障碍与克服

(一)管理好自己

《时间管理》[①]的作者麦肯齐花了8年的时间,到过10个国家,向许多经理、企业家、学校负责人调查时间管理,他认为时间浪费因素有不管事情的重要性而单凭事情的紧迫性做出反应、工作紊乱没有条理、职责混淆不清、未能激发职工的积极性、工作缺乏协调、拖延不决、缺乏标准、缺少控制要点和检查方法、控制过严、交流过多、单研究问题而不掌握时机。他认为时间浪费的主要原因和解决问题都是在自身,所以时间管理的核心问题是管理好自己。

互联网上有一组图片频频被转载,画面呈现的是一座图书馆的阅览室灯火通明、座无虚席勤奋读书的莘莘学子,图片标注是"凌晨4点的哈佛图书馆"。哈佛的老师经常这样告诫学生:如果你想在进入社会后,在任何时候任何场合下都能得心应手并且得到应有的评价,那么你在哈佛的学习期间就没有时间晒太阳。

(二)克服锯齿效应

锯齿效应指的是在工作或学习中分散一小会儿注意力,需要额外的时间再次进入工作或学习状态。所以做重要的事情

[①]麦肯齐.时间管理 如何以较少时间完成更多工作[M].马大抗,译.上海:上海翻译出版公司,1988.

时不受干扰很重要。在家庭中,经常会出现这样的画面:孩子正在灯下认真地思考解答一道数学题,这时家长推门而入,手里端着一杯牛奶,轻轻放在书桌上,然后轻轻离开,并将门带上。

有的家长还会说一些话,诸如累了就歇会儿,先喝杯牛奶吧,题目难吗?殊不知,这已经分散了孩子的注意力。他需要再花费一些时间来让自己重新进入思考的状态。在那段时间里,孩子需要的不是牛奶,而是全身心地不受干扰地投入思考的时间。

有的同学在读书时喜欢将手机放在手边,尽管一晚上都没有电话,也没有短信,但是学习的效率却并不高。究其原因,就是手机惹的祸。虽然它没有响,但是每次眼睛看到的时候,就会忍不住停留几秒钟,大脑的思考也要停留几秒钟,这都需要再次花费时间进入状态。所以才会出现这样的情况:看了书本1个小时,只看了1页,而且还没有看懂它到底在说什么。

(三)消除不良习惯

要消除时间浪费就要改变现有的习惯。美国心理学家威廉·詹姆斯指出培养新习惯和除掉旧习惯有三个关键:(1)开始一种新做法要越坚决越好;(2)新习惯牢固扎根前决不让一次例外发生;(3)抓住最初可能出现的机会以实现你的决心。马斯洛说:"心若改变,你的态度跟着改变;态度改变,你的习惯跟着改变;习惯改变,你的性格跟着改变;性格改变,你的命运跟着改变。"《习惯的力量》作者杰克·霍吉认为,日常活动的90%源自习惯和个人的惯性。成功的关键在于利用习惯,又超越习惯、战胜习惯。在新的好习惯没有牢固扎根下来之前,绝对不能给自己任何借口来打破这个新的好习惯。新习惯的一次中断就好像是汽车的一次刹车,刹车后再恢复行驶要比一开始就保持正常行驶花更多更大的力气。

(四)学会利用零星时间

华罗庚说过,时间是由分秒积成的,善于利用零星时间的人,才会做出更大的成绩来。爱尔斯金是美国近代诗人、小说家,又是出色的钢琴家。他在谈及利用时间这个老生常谈的话题时,曾深有体会地说:"当我在哥伦比亚大学教书的时候,我想从事创作。可是上课、看卷子、开会等事情把我白天、晚上的时间全占满了,差不多有两个年头不曾动笔写一字,我的借口是没有时间……后来,只要有5分钟左右的空闲时间,我就坐下来写作100字或短短的几行。出乎我的意料,在那个星期的最后时间,我竟积有相当的稿子准备修改,后来我用同样积少成多的方法,创作了长篇小说。"

如果在校学习的大块时间是西瓜,那么零星时间就是芝麻,只有西瓜、芝麻一齐抓,整零结合,才能充分利用时间,取得理想的成绩。

第二节　人际交往能力

美国心理学家沙赫特曾经做过一个"人际剥夺"实验:他们以每小时15美元的高薪招募应试者到创设的小房间去居住,居住时间越长得到的报酬越多。这所小房子里没有报纸、电话、书籍,听不到外界的声音,当然更没有人。只有人通过小窗口传递一些必需品,不能和他们有任何交流。前后有5人参加实验,最短的待了2小时,最长的待了8天零8小时,这个待了8天的人出来以后说:"如果再让我待一分钟,我就要疯掉了!"

"人际剥夺"实验说明人作为一个社会动物是无法孤立存在的。有同学可能会说:"我在中学的主要任务就是学习呀,人际关系好坏都无所谓。"可是如果你体验过与同学发生矛盾以致影响上课状态,或者在宿舍被冷落、孤立,其他人相互间有说有笑,你却没有办法融入进去,你的心情可能就没办法那么淡定了。而且同学们现在的人际关系模式也会影响到未来的为人处世,从现在开始重视自己的经验积累对以后会大有裨益。

一、人际关系概述

(一)人际关系的定义

人际关系是人与人之间通过交往和相互作用而形成的一种心理关系。中学生的人际关系主要表现为中学生在学习、生活中发生的与他人之间的心理关系。

(二)人际关系的形成

人际关系的形成需要三个方面的因素:认识、情感和行为。人际关系是从对人的认识开始的,并随着认识的深化而深化。情感因素是衡量人际关系状况的最重要的标尺。言谈举止等表现个性的外部行为是建立和发展人际关系的表面方式,行为的变化能直观地反映出人际关系状况的变化。人际关系的形成和发展一般会经历以下阶段:

1. 初步注意和选择阶段

建立人际关系是有选择性的,我们一般会选择有相同兴趣爱好、共同经历、相近价值观的人进行交往。这个阶段的沟通还在比较浅的层次,彼此都在争取给对方留一个好印象,有关自我的信息暴露得也不多,而且都是最表面的。

2. 情感探索阶段

这个阶段双方的沟通更加广泛,层次会逐渐加深,会有一定程度的情感卷入,但是彼此仍然会注意自己在交往中的规范性。

3. 感情交流阶段

彼此有深层次的情感沟通和交流,涉及核心的自我,双方的人际关系安全感已经建立。

4. 稳定交往阶段

这个阶段已经达到了知己的水平,所以能够达到这个阶段的人会比较少,它标志着允许对方进入高度私密性的自我。

以上是人际关系正常发展轨迹,实际上在任何一个阶段都有可能出现人际关系的破裂。不同阶段的破裂带给个体的影响也是不同的,情感卷入越多受伤越深。所以一定要把握好交往的分寸,确定对方是可信赖的人才去分享自己的秘密。人际关系出现破裂时,有的人会积极主动地进行修复,使双方的感情更深,进入下一个阶段,而有的人就会放弃,人际关系就会中断。

(三)人际交往的原则

1. 真诚

真诚是人与人之间彼此信赖和相互交往的基础。因为人际关系要满足人的心理安全感的需要,如果说我和你交朋友还要担心某天会不会被你骗,也不知你所说的话里有多少成分是可以相信的,那么这段人际关系是不能长久维持的。只有在相互交往的过程中以诚相见、心怀磊落,才能赢得长久的友谊。

2. 尊重

尊重是人与人之间相互交往时坦诚相待的桥梁,尊重对方的人格,任何情况下都不去做威胁别人核心情感的事情,尊重彼此在知识、经验、出身、社会地位等方面的不同,尊重对方的隐私。好朋友之间一般会分享一些秘密,这是出于信任,不要传播别人的隐私,以免让对方尴尬或受到伤害。西方有句谚语说:"自己不把咖啡洒在桌子上,也不看别人把咖啡洒在桌子上。"意思是自己保持言行举止得当;当别人一不小心出现了尴尬的事情,自己要像没看见一样,不给对方增加被注视的压力。

3. 宽容

宽容是人与人之间相互交往、维持友谊的根本。"金无足赤,人无完人",一方面对朋友不能责备求全,另一方面即便你看到了朋友的缺点,也不能让它影响到你们的交往。面对一些利益的时候不和好朋友斤斤计较;有时候好朋友做出一些损害到自己利益的事情,只要无关是非、无关原则,我们都可以选择理解、原谅,一如既往地保持双方的友谊。

4. 自我

这是人与人之间相互交往维持纯真友谊的保障。大家可能会发现,身边就有这样的同学,她(他)可能会说,我跟自己的好朋友好得就像一个人一样，不分你我。她想什么，我知道；我想什么，她也知道。好像这就是友谊的最高境界，其实这是一种自我的缺失。大家要知道每个人都是独立的个体，人不能在友谊中失去自我的意识和判断。我们现实中很多案例也都表明，人在相互交往中是多么缺乏自我。例如，有的青少年之间，为了所谓的江湖义气，为朋友两肋插刀，不问任何缘由，呼之即来，在聚众斗殴中犯下严重的罪行；还比如在一些偷窃案中，一些人也是出于朋友关系，为了朋友抹不开面子，不问青红皂白跟所谓的朋友干了违法的事，最终将自己卷进去。这些都说明在我们中间总有一些人，在人际交往中把握不好自我，犯下不可悔改的错误。

（四）良好的人际关系的重要意义

奥地利心理学家阿德勒认为，每个人的生活都有三个最重要的内容：职业选择、爱情婚姻、参与社会活动。认真分析一下，这三个重要的内容都离不开人与人的沟通与相处，良好的人际关系对个体来说也有着重要的意义。

1. 会给个体带来安全感和归属感

人类在漫长的历史进化历程中形成了群居的特点，我们的祖先要繁衍后代、适应恶劣的自然环境，就必须依靠集体，因此我们天生就有追求与别人交往、保持良好关系的需求。原始社会时期脱离群体会让个体面临生命的危险，造成个体安全感的缺乏；而现代社会中人们努力归属到某一群体中，不仅出于安全感的需要，也是个体以某一方面得到他人的爱与尊重的需要。

2. 会让个体有良好的心理适应

曾经在厦门某中学进行调查,发现有三成中学生存在人际关系问题,而且人际关系与中学生的心理健康水平高度相关。我国现代著名医学心理学家丁瓒说过:"人类的心理适应,最主要的就是对于人际关系的适应,所以人类的心理病态,主要是由于人际关系的失调而来。"中学生很多心理问题的背后其实都是人际关系问题。

3. 促进个体的心理健康水平

从良好的人际关系中我们总能得到积极的情绪体验,会增强个体的信心;个体遇到困难时,良好的人际关系会提供非常好的情感支持;在真诚的互动氛围中也可以改善我们性格中的缺陷。因此有些心理治疗流派特别强调人际支持系统的作用,并且把良好的人际关系作为治疗心理障碍的一个重要资源,用以减轻个体焦虑感。

二、高中生活中重要的人际关系

在学生时代同学们的人际关系相对会比较简单,根据交往对象的不同大致可分为:与长辈的关系(包括父母及其他亲属、老师等)、与朋友的关系(包括异性朋友)、与舍友的关系(住校的同学特有的关系)、与网友的关系等。处理这些关系有一些相同方法,但每种关系又有其特殊性,所以处理方法要因人因事而定。

(一)与长辈的关系

1. 故事分享

刘青最近和妈妈闹得有些不开心,主要是妈妈一天到晚盯着自己的学习,动不动就唠叨,你看张家孩子怎样了,李家孩子学习又进步了。而且妈妈为了她的学习辞职做了家庭主妇,两个人天天零距离接触,现在刘青一看到妈妈就想要逃避。刘青想要学美术,将来从事服装设计或者室内设计的工作,妈妈却让她学医,说这是一辈子的饭碗,母女二人各自坚持自己的想法,都很不开心。同样对于老师,刘青也是有些怨气的,班主任挺年轻的,刘青特别想要和老师关系好一些,比如说跟老师开开玩笑,处得像朋友一样,多开心。可是自己努力了好久,班主任居然还像大妈一样,整天抓他们有没有迟到、有没有穿校服、有没有遵守学校的规章制度,真是没劲!

实际上刘青遭遇到的是代际交往的问题。美国人类学家米德提出"代沟"这个词,它是指两代人之间因为历史时代、环境影响和生活经历等不同而对现实和未来的看法、态度存在差异,以及在某些时候产生的心理距离和隔阂。

这种代沟在好多家庭都存在,但是为什么有的家庭依然相处得很融洽,有的家庭就会使得亲子关系特别紧张?以"刘青的烦恼"为例子,同学们可以从以下几个角度来思考:

刘青和妈妈的问题怎样解决比较好?请你写出你的建议。
和长辈相处需要注意哪些问题?
如果你将来想要从事的职业遭到父母的反对,你会怎么做?

2. 与长辈相处的方法

明确自己的角色,刘青想要和老师处得像好朋友那样,这种愿望是好的,但是在现实生活中这两个角色是有些冲突的。老师要能掌控课堂的纪律,如果单单和学生打成一片,整个课堂闹哄哄的,势必会影响上课的效果,要掌控好课堂纪律,就要对一些呈现出问题的学生采取措施,就难免会有矛盾。而作为学生要清楚自己在课堂上是一个学习的参与者,与老师的朋友关系只能是在平常的生活当中才适用。如果说想要借自己跟老师关系比较好,而做一些与学校规定相悖的事情,更是行不通的了。

(1)尊重在先

尊重父母是中华民族的传统美德,更是一个当代青年必备的素养,父母说话方式不对,可以慢慢进行沟通。当然,有一些问题是父母自身存在的,如果凭借一己之力无法说服父母,无法沟通,可以借助学校心理老师的力量,心理老师会从专业的角度就亲子关系问题给父母比较好的建议。

(2)做好自己

很多孩子跟父母起冲突,实际上源于父母对孩子的不信任。这种不信任有的是父母的原因,有的是孩子自身的原因。比如说有的同学爱玩电脑游戏,一般家长都会给孩子留一点儿时间去玩的,只不过时间有限制,有的同学玩之前信誓旦旦,保证只玩一会儿,一旦玩起来,根本就停不下来了,把和父母的约定忘在脑后,即使父母催千遍万遍都没用。你浪费了他们对你的一次又一次信任,久而久之,父母就觉得,如果他们不帮你掌握方向,你将来肯定走上歪门邪道。想想你自己有没有过类似的情况,如果有,赶紧先改变自己,重新赢得父母的信任。你把事情做好了,你赢得的信任就会越多,亲子关系就会更融洽。

(3)换位思考

在很多方面,有的孩子总是不理解自己的父母,如果我们能站在父母的角度上去想一下,应该就能体会父母的一些难处了。你可以去问一下同龄人,是不是他们对自己的父母都有意见、都觉得自己的父母有伤害自己的地方。是每一对父母都不好吗?答案当然是否定的,实际是不管父母做得怎样好,怎样尽了最大的努力,孩子还是会感觉到有些地方受伤害。所以同学们要经常站在父母的角度,多体谅父母的不易。

(4)列一张感恩清单

如果同学们能对长辈经常心怀感恩,也会促进彼此的交流。如表5-4。

表5-4 感恩单

感恩对象	做了什么	我的感受	我目前能为他们做什么
父母	父母自己省吃俭用,但是提供给我旅游费时从不吝啬	很多父母不能这样支持孩子,但我的父母很开明	用心感受所到的每一个地方,把这种快乐传递给父母
老师	今天老师特地留下来给我补习功课,都没来得及去吃晚饭	考得不好的时候被老师骂也是应该的,他们付出了太多	上课认真听讲,努力提高成绩,不能让老师这么辛苦
……			

(二)与朋友的关系

1.故事分享

有个叫米莉的同学跟最好的朋友闹了别扭,已经好久没跟好朋友说话了,心情很不好。问及事由,其实很简单,就是有天中午放学,好朋友没有等她一起吃饭,米莉觉得好朋友故意冷落她，非常生气。

经过询问，得知她们在这之前实际上两个人已经积累了一些不愉快了。米莉说随着两个人对彼此了解得越来越多，好朋友的一些做法早就让她不舒服了，比如说自己很信任她，跟她分享了自己的秘密，并且一再嘱咐她一定要为她保守秘密，可是后来她无意之中听到有同学在悄悄议论她的事情，她认定一定是好友传播出去的。还有，自己有什么好吃的零食，米莉都会招呼大家一起吃，但是好朋友有时比较小气，经常吃别人的，自己的东西一般都不会和别人分享。

那他们又怎么成为好朋友的呢？经过了解，米莉说一开始比较投缘，有很多共同的话题和爱好，不知不觉两个人就走得很近了，后来有什么秘密也会相互透露一下，感情就更加好了。

问及米莉有没有什么做法，让她的朋友感觉不舒服，米莉很为难地承认了。原来米莉同好朋友在一起聊天的时候，好朋友有说过米莉经常自顾自地说，有时候不顾及别人的面子，想批评人的时候就脱口而出了，为此好朋友几次下不来台。

米莉实际上还很在乎她的好朋友，而她所说的朋友的缺点实际上都可以忽略不计。后来米莉主动找好朋友和解了，两个人的友谊更加深厚了。

请结合自身情况回答下列问题：①你跟好朋友发生矛盾是因为什么？②发生矛盾之前你们积累了哪些不愉快？③如果这些不愉快当时解决了，会不会还有矛盾爆发？④发生矛盾之后，你有没有自我反省？你认识到自己的问题有哪些？⑤你们的矛盾后来是怎样得到解决的？⑥如果现在你们再次面临矛盾，有没有比较好的解决办法？

2.妙招支援

其实和朋友相处还是有些原则需要把握的,一起来学习一下吧!①朋友交往要适度。好朋友不是不分彼此,而是相互要给对方留一些空间,交往的频率也不要太高,经常介入别人的生活就会形成干扰,时间久了当然就不受欢迎了。②要会倾听。有的人只顾自己说;有的人看着在听,但是没有认真听;有的人听得很认真,也不会随时打断你,在该给你反馈的时候给予了积极的反馈,当然你会喜欢这样的朋友。③会赞美。有同学认为赞美别人是件很虚的事情,感觉自己就像在说假话一样,这说明你的赞美并非由衷的,所以你要找到别人的实实在在可以赞美的地方再夸奖。比如,夸一个皮肤很黑的人说"你的皮肤雪白雪白的,真好看",对方也会觉得不好意思的,甚至会觉得这是对他(她)的侮辱,结果会适得其反。④会批评。好朋友之间更喜欢有话直说,但是要注意方式,直说不是不分时间、场合、地点等想说就说,想说什么就说什么。指出朋友哪里做得不好,最好要悄悄地说,不能伤及对方的自尊。

(三)与舍友的关系

大部分学生从高中阶段就要开始与同学共住一间宿舍了,上大学以后会有更多的时间是要和舍友一起度过的。住宿的同学请你计算一下,你一天当中有多少时间是在宿舍中度过的?你有没有意识到宿舍人际关系对你的重要性?你在宿舍当中的大部分活动是不是开"卧谈大会"、睡觉,或者嘻嘻哈哈各种娱乐各种搞怪?宿舍就是同学们在学校的家,在这里同学们可以放松心情,可以宣泄情绪。但是做这一切的前提,就是同学们要真心融入这个家,要爱护这个家。

1. 故事分享

单芳芳考入了厦门科技中学,也开始了她的住宿生涯。她们宿舍很快选出了舍长,而且大家约定:既然选出了舍长,大家就要服从舍长的安排,做好本宿舍的内务工作,轮到谁值日都要认真去做。因为相处得很愉快,她们都把宿舍看成自己在学校的家,谁有困难大家都会一起帮忙。高一的时候学习没那么紧张,周日返校的时候她们每个人都从家里带来好吃的,早早来到学校开个下午茶会,边吃边聊好不开心,偶尔没回家,她们交一些舍费(用于支出宿舍共同活动的费用),由舍长统一管理,出去买一些水果、瓜子小零食照样开下午茶会。到了高三,学习比较紧张了,有的宿舍开始出现了较大的矛盾,比如有的同学要早起,有的同学要晚睡,结果晚睡的要到凌晨2点才睡,早起的要5点钟起床,搞得整个宿舍都休息不好。而单芳芳她们宿舍听从舍长的安排,谁也不能搞特殊,大家统一作息时间,早睡早起,保证白天上课的听课质量。而且大家还一致认为身体是革命的本钱,每天下午整个宿舍一起去跑步,锻炼身体。

高考结束后,成绩本来不那么突出的她们居然都上了一本,而另一个宿舍个个都是重点苗子的却因为缺乏共处的能力,大家相互干扰,最后只有两个考上一本,所以成绩一出来大家都一片哗然。

请你结合自身情况回答下列问题:①我有没有一些行为或者习惯影响到了其他人? ②如果有,我怎样做会让我们的关系更和谐? ③舍友是否也有一些行为习惯影响到了我? ④我怎样和舍友沟通才会既解决问题又不会造成矛盾?

2. 与舍友相处的原则

舍友关系现在也越来越引起重视,能否与舍友相处融洽,这实际上折射出你是否具有与别人共处的能力。大家来自不同的家庭,有着不同的家庭文化背景、生活习惯甚至表达习惯。朝夕相处在一个空间,很多生活琐事都要在宿舍完成,因此,在处理宿舍人际关系时,就会显得更加困难。主要来说要注意以下几点:①要有一个大家都认可、都去遵守的约定。约定一旦制定,大家一定要遵守,任何人不能想着搞特殊,去破坏这个规则。一旦破坏了,再建立起来就很难了。②尊重对方。其实,很多宿舍内部矛盾的发生都是因为不够尊重别人,最后引发矛盾,导致悲剧的发生。这是大家都不愿意看到的结果。③不要扩展私人空间。在宿舍这个有限的空间里,很多东西都是大家共用的,除了你的床以外,基本上都是公共的地方。所以,不要想着在宿舍内部再扩展私人空间,要有群体观念,不能把个体利益建立在群体利益之上,个体利益不能损害群体利益。

(四)与网友的关系

随着互联网的发展,网友也成了人际关系中重要的一部分。因为网络人际关系有很大的虚拟性,所以,现实生活中不敢说的一些话,在跟网友沟通时可以毫无顾忌地说出来。有些现实生活中很少跟他人交往的同学,就在网上结识大批的网友以满足自己人际关系的需要。

1. 故事分享

王鑫是一名高二的男生,性格比较内向。平时不怎么和同学说话,虽然人长得比较帅,但是上课回答问题时糟糕的表现,还是会引起全班的哄堂大笑,渐渐地,他在班级更加沉默,更加远离同学。后来在网上结识了一伙年龄相仿的社会青年,他们已经不读书了,有的打工,有的靠父母给零花钱。他们有一个共同的爱好:爱玩网络游戏。在他们的带动下,王鑫从游戏中体验到了成功,而且网友们不会嘲笑他,让他感觉到了来自他人的真诚。后来王鑫陷入网络游戏不能自拔,父母为了限制他上网将网线切断,结果王鑫跑出去和网友们混在一起夜不归宿,读到高二下学期死活不再进校园,就此辍学。

很多同学喜欢网络交往,是因为在网上可以张扬自己的个性,甚至可以扮演一个和自己平时完全不同的角色,可以活得潇潇洒洒,不用自卑,不用遵守各种规范,但是网络交往有其自身的特点,你不知道对方的音容笑貌,也不知道对方的年龄、性别,当然对方和你交往的动机你更是完全不知。所以网络交往存在很大的安全隐患,比如有人利用QQ诱骗少女,网上报道了太多女孩私自见网友被伤害的个案,有些人在网络上玩感情游戏。网络交往不是不可,但是要谨慎。

2.与网友交往的原则

(1)不要贸然与网友见面

因为彼此在网上聊得很开心,有种偶遇知己的感觉,所以就期待着能和网友见面。然而,其中的危险因素太多,你无法知道对方的真实情况,他的年龄、职业、真实姓名等信息,万一发生意外,警方也很难排查。

(2)不要涉及金钱的问题

一旦你的网友提出任何与钱有关的问题,比如,最近要做一件什么事情,手里缺点儿钱,能不能先跟你借呀等,你都要提高警惕,不要轻易借钱给网友。

(3)不要透露太多个人信息

如果对方有意无意地询问有关你个人及家里的一些情况时,尽可能回避这些问题,或者模糊作答,不要给对方一些明确的信息。

三、人际交往中的障碍与克服

每个人都希望自己能与周围的人建立良好的人际关系,可是往往因为这样那样的问题,我们同别人的交往并不是那么顺利,这当中可能有客观环境的原因,这是我们无法控制的事情。但是有些是我们自身存在的一些问题造成的,这是我们能够控制的,只有自身存在的问题解决了,我们的人际关系才会相应地好起来。现在先请你做一次专家,分析小丽的问题何在,要怎么应对?

丽丽是一名高一的女生,最近一直郁郁寡欢,学习也受到了严重影响,成绩由刚入学时的班级前十下降到了30多名。她说自己比较害羞,很难主动和别人沟通,也害怕别人关注自己。刚来到这个学校时,看到同班别的同学很快就三五成群了,而自己经常独来独往,开始还很高兴,心想这下可以把所有精力都投入到学习中了。于是在生活中,她更加有意识地回避与同学的沟通和交往。当然,小丽对朋友的要求也蛮高的,曾经有人跟她主动沟通,但她觉得那个女生说话咋咋呼呼的,就对她淡淡的;同桌的成绩很差,她觉得过多交往会拖自己的后腿。就这样,她总把别人拒之门外,所以在教室里她很孤独、沉默。谈及舍友,小丽也是一脸的苦闷。她现在已经游离在这个群体之外了,因为她经常为学习的事情烦恼,常常情绪不太好,回到宿舍本来想要放松一下,可是大家叽叽喳喳的,实在是讨厌。别人跟她打招呼、说话,她都没心情,就冷冷地回应别人。

久而久之,舍友都不怎么爱和她说话了。她也一肚子的委屈,觉得自己并没有做错什么,为什么大家都针对她?所以现在她特别讨厌回宿舍,睡眠严重受到影响,进而影响了听课效果,导致成绩下降。种种烦恼袭来,小丽真的想要大哭一场或者找个人倾诉一下,可是却发现自己一个稍微要好的朋友都没有。

小丽在跟同学相处的过程中,存在以下问题:

(一)性格障碍

她很害羞,所以不主动和同学沟通交往。害羞是人际交往中常见的障碍,会阻碍与别人正常人际关系的建立。害羞主要是过分关注自我,怕自己出丑,怕自己会被别人嘲笑,所以就封闭自己。要克服害羞,要尝试着主动跟别人打招呼,特别是一些你比较害怕的人,可以给自己一个任务,每天都去尝试着主动跟不同的人打招呼,一段时间之后,你就会发现自己有信心了。人际交往中的性格障碍还有自卑、孤僻等,每个人都有自己独特的性格,每种性格没有绝对的好坏之分,但是我们自己要懂得调适好自己,接纳自我、接纳别人,为自己创造良好的人际关系。

(二)情绪障碍

主要指痛苦、抑郁、厌恶、愤怒等,会给积极、友好的人际交往带来破坏作用的消极情绪。每个人都有自己的情绪,情绪本身没有对错,但是有些人喜欢把情绪带进与他人的互动中。小丽把自己的情绪带回宿舍,别人跟她打招呼时她也冷冷地应对,造成和舍友关系不良。因此,要尽量减少或避免让消极情绪影响自己的人际交往。

(三)整理一张自己的人际支持系统图

从核心开始,将每个人的姓名,能给予你什么样的支持写下来。一个人的人际支持系统非常重要,这也是衡量一个人心理是否健康的重要指标。如果一个人的支持系统非常缺乏,那么在遭遇到危机时,他更容易采取极端行为。所以要经常检查自己的人际支持系统,并且好好维护。

英国心理学家哈蒙德认为,人在本质上是寻求积极情感而避免消极情感的,人还会积极地创造条件,以使积极情感最大化。通常有两种策略:一是建立多种情感纽带。这样即使一个情感纽带丧失,并不会否定个体所有的情感。二是对情感纽带根据其价值进行层级划分。突出其重点,有的情感更受欢迎,我们的精力就可以投入得多一些,否则就投入得少一些。

面对众多的情感需求,人有限的时间、精力不足以应对,又要追求最大化的情感,于是个体就将不同的关系"贴"上不同的标识,当这些标识出现时,自然就会以某种水平的投入来对待。比如,知己和普通朋友在情感的投入上是存在差别的,看到知己,内心高度的情感就会被唤起,进而产生更亲近的行为。另一个做法,就是将情感纽带嵌入集体组织单元之中。这样即使特定的人发生变化,但集体组织中的情感纽带仍然是可以利用的,积极情感仍可以得到保持。所有这些激发情感的情境都可能要面对边际效用递减,即随着互动时间的增加,情感唤起效应会有不可避免地消散的趋势,互动中的回报也会减少。群体、组织的增多可以提出广泛的多样性背景,可以避免边际效用递减。

(四)为自己做一个求职面试设计

在生活中大家都习惯说,要给别人留下一个好印象。这里起关键作用的一般是第一印象。因为第一印象中最先输入的信息,对以后的认知会产生很大的影响,而且作用时间也很长。所以在初次和别人见面的时候,一定要努力留下一个好印象。假如你现在要去参加一个很重要的面试,看看你要从哪些方面努力让自己给别人留下一个好印象:①外貌。外貌是影响人际吸引的重要的因素,这里不是说你一定要天生丽质,一定要玉树临风,而是你一定要注意自己外表的修饰,至少让别人看起来舒服、精致。②着装。人们交往时往往"先敬罗衣后敬人",连美国总统林肯也曾因对某人外貌的偏见,拒绝了朋友推荐的一位很有才识的阁员,当朋友指责他时,他说:"一个人过了40岁,就应该为自己的外貌负责。"当然,我们要从年轻的时候开始对自己的着装负责。③礼节。可能很多同学都讨厌繁文缛节,在平时跟同学打交道时统统都忽略掉了。特别是关系越好的朋友,越是没那么多的讲究。可是,我们跟陌生人、跟长辈等见面时还是要稍微注意一些相应礼节的。④谈吐举止。跟人交谈时要注意跟对方的眼神交流,做到落落大方;坐在椅子上的位置也要有所讲究,不能一屁股坐下来,整个背就靠在了椅背上,而是稍往前坐,并且身体微向前倾,表示你在认真听对方说话。还有些同学坐在那里没事就抖腿,面试的时候可要注意了,自己检查一下还有哪些坏习惯。

第三节　情绪管理能力

情绪与学业或者职业有何相关性？请你回忆一下，你心情喜悦时的学习效率与心情低落时的学习效率是否一致？同样考得不理想，有的同学淡然处之，有的同学却要痛苦好久，结果造成恶性循环，下次考得更差。在生活中有没有经常听到别人说"冲动是魔鬼"？冲动之下做的决定往往会导致不好的结果。那么，情绪是什么？要怎样管理自己的情绪，做一个高情商的人呢？

一、情绪概述

（一）什么是情绪

情绪是指人们对环境中的某种客观事物和对象所持态度的身心体验。情绪是最基本的感情现象，作为一种非智力因素，它对一个人的成功与否有着很大的影响。

（二）情绪的分类

1.正负之分

即正面情绪和负面情绪。正面情绪是积极肯定的情绪，比如自信、快乐、感恩、振奋等。负面情绪是消极否定的情绪，如厌恶、抑郁、冷漠、自卑等。

2.根据情绪的状态分类

一般可分为心境、激情和应激三种。

(1)心境

心境是一种使人的一切其他体验和活动都染上情绪色彩的情绪状态。它是持续的、微弱的、平静的。心境的特点是弥漫性的,比如说这段时间你比较开心,会觉得生活中的一切都是美好的。

(2)激情

激情是一种爆发快,强烈而短暂的情绪体验。激情状态下,人的生理唤醒水平也比较高,容易产生冲动行为。

(3)应激

应激是出乎意料的紧张状态所引起的情绪状态。在突如其来的或十分危险的条件下,必须迅速地、几乎没有选择余地地做出决定时,容易出现应激状态。比如地震时,人的身心处于高度紧张的状态,要应对来自自然的伤害,保护个体的生命安全。但是应激状态不能持久,时间过久就会形成创伤后应激障碍,影响以后的生活。

(三)情绪的功能

在我们的生活中,可以说情绪无处不在,它也是我们个体进行某项活动的驱动力和组织者。

1.情绪的激发作用

比如我们做某件事情之后会有愉快的情绪体验,或者说预期能够有愉快的情绪体验,我们就会积极主动地去做。当预期的愉快体验强度越大,我们进行这项活动的动力就会越大。相反,如果我们预期是不好的情绪体验,就会尽量地避免这项活动。

2.情绪的媒介作用

婴儿在很小的时候就可以辨别人的情绪,在他们学会说话之前,主要是借助表情跟周围的人进行沟通,就连他们的哭声都分了若干种,不同的哭声代表了不同的情绪内容,表达了不同的需求。情绪表达的途径很多,比如表情、肢体语言等,都会传达一定的信息。

3.情绪的调节作用

许多心因性疾病是和人的情绪高度相关的,比如焦虑压力大可导致溃疡、偏头疼、月经失调等,许多女生进入高三之后,特别是高考前的两三个月很容易月经失调。同样,积极的正向的情绪也会有助于我们的身体健康,有医学研究表明,很多罹患癌症的病人,如果他们的情绪积极乐观,往往会超出医生预料的生命极限,可以活得更久更有质量,甚至有些人还创造了奇迹,癌症不治自愈了。

(四)高中生常见的情绪困扰

从每年的心理普查和平时观察中发现,中学生的情绪困扰依次为焦虑、强迫和抑郁。

1.焦虑

焦虑是个体对威胁性事件或情况的预料,从而产生的主观的、一种高度不安的状态。进入高中以后课业负担加重,家长对子女的期望也越来越高,而高中生又要面对高考的压力,所以焦虑情绪比较严重。

2.强迫

强迫是指一种明知不必要,但又无法摆脱、反复呈现的观念、情绪或行为。追求完美,自我要求高的学生容易有这种情绪困扰，还有一些学生认为自己不应该怎样怎样，想要拼命控制自己的某种行为或想法，反而形成反强迫的情绪困扰。

3.抑郁

抑郁是因为感到无力应对外界压力而产生的一种消极情绪，常常伴有厌恶、痛苦、羞愧、自卑等情绪体验。很多学生在大型考试之后成绩不理想，与同学相处关系不和谐、不融洽，生活中的不如意、不顺心等情况下，容易出现这种短暂的情绪反应。

以上三种情绪困扰并不是心理疾病，每个人都有这些情绪体验，只不过有的人的情绪反应会持续较长时间，而有的人的情绪体验持续时间较短。不要拿着自己目前的情绪状态到网站上找资料、对号入座，往往对照之后，很多同学陷入巨大的恐惧中，以为自己得了抑郁症、得了强迫症等。当同学们对自己有所怀疑的时候，要去寻求专业人士的帮助。

二、情绪的觉察和调节

每个人都无可避免地要体验各种各样的情绪，为什么有的人可以将自己的情绪控制得很好，而有些人却因为自己的情绪问题遭受到了更为严重的后果？如果能对自身的情绪有所觉察，避免此消极情绪的产生，在暴怒之前先有控制，在伤心之前先有自我抚慰，可能消极情绪对我们的冲击就没那么大了。

(一)情绪的觉察

1.了解自我的情绪状态

请你在纸上写下自己曾经体验过的情绪，写得越多越好。

接下来请你制作一张情绪饼图,代表消极情绪的,请用黑色的笔填涂,代表积极情绪的用红色的笔填涂。看一下自己的饼图有什么样的特点,什么颜色的面积比较大、为什么呢?再看一下周围同学的饼图,有没有什么发现?

2.寻找自己情绪发生、发展的规律

(1)确定"情绪温度计"的刻度

比如,你将一天分为四个时段——早上、中午、下午、晚上,记录一下你在哪个时间段出现了不愉快的情绪体验,事情是什么,当时自己动怒的原因是什么,动怒有没有带来更麻烦的事情。好的情绪体验记在正的刻度,坏的情绪体验记在负的刻度。

(2)清楚情绪变化

根据自己一天的情绪起伏变化,给自己评估。比如:被老师表扬后心情很愉快;听课更加认真了,结果发现原来听不懂的知识点现在听懂了。相反,自己和同学发生了矛盾,老师讲什么一点儿也听不进去,正好又被老师提问到,一问三不知,把老师惹火了,批评了自己,心情更加糟糕了。用这样的方法来训练自己,防止自己的消极情绪迁移。

(3)做出评估

记录一段时间之后,对自己以前的情绪做出评估:什么时间段内或者什么情况下,自己容易出现负面情绪?把握自己情绪出现的规律和特点,为调整自己提供借鉴。

(4)调整措施

根据评估,制定调整自己的措施。比如你记录一段时间后,发现自己容易在早上第一节课时情绪低落。听课时注意力无法集中,追寻原因发现,原来跟你早上起床太晚没有吃早餐有关,血糖不足导致注意力下降,那你就要有意识地调整自己,每天早起10分钟,好好吃个早餐。

3. 解剖情绪

解剖情绪的过程就好像查清病情后找到病因一样,要将情绪产生的源头找出来,做到从根本上治理。有的同学能觉察到自己的情绪,但是要剖析自己当时为什么会有那种情绪状态,好多人不能正视,甚至回避。同学们可以尝试一下写日记的方法。

(二)情绪的调节

1. 学会用情绪 ABC 理论调节自己、改变认知

比如,今天姚鲁跟老师打招呼,可是老师没回应就走过去了。姚鲁有些受伤,心想老师怎么那么不尊重自己呢?是不是自己平时没有给老师留下好印象,所以老师根本就不愿意理自己?越想,姚鲁的心情越沉重。而面对同样的事情,同学王明金则认为,可能是自己跟老师打招呼的声音太小,老师没有听到才没有回应自己。李鑫森说他也遇到过类似的情况,不过他认为老师可能正在想别的事情,根本没有看到自己跟他打招呼。同样的一件事情,3个同学的反应各不一样,有的很伤心,有的无所谓。为什么会出现这种情况?就是因为每个人对这件事情进行自己的信息加工,由于自己的想法不同而产生了不同的情绪后果。

ABC 理论是由美国心理学家埃利斯创建的,就是认为激发事件 A (activating event)只是引发情绪和行为后果(consequence)的间接原因,而引起 C 的直接原因则是个体对激发事

件 A 的认知和评价而产生的。信念 B(belied)，即人的消极情绪和行为障碍结果(C)，不是由某一激发事件(A)直接引发的，而是由经受这一事件的个体对它不正确的认知和评价所产生的错误信念(B)所直接引起。错误信念也称为非理性信念。

2.检验自己的不合理信念

下面是美国心理学家埃利斯列举的人的十一种不合理信念[①]。快来检查一下看你占了多少。

(1)应该获得人人的喜爱

我的言行举止都应该得到别人的赞许。这种想法在很多人的意识里都有。有些人为了赢得别人的赞许，还会故意做一些事情讨好别人。事实上，有些人无论你怎样努力，你都不会得到他的赞许，不是他不好，也不是你不好，而是我们实在是不搭调。但有些人会坚持这种信念，结果让自己陷入了强调自我的牛角尖，变得毫无主见。

(2)我们必须在各方面表现得能干，而且有成就

即便是神也不是万能的，更何况我们只是普普通通的人。做好本职，然后在某个方面有深入发展，有较高成就就可以了。同学们现在的身份是学生，当下要做一位成功的学生。

(3)做了错事，应该受到严厉的批评

有些事我们希望它不要发生，但是毕竟发生了。这些人做了错事往往是由于无知或情绪不佳所致，严厉的责备、残酷的惩罚并没有好处。唯一有建设性的措施就是体谅，然后学习并切磋交流，不仅帮了别人，自己也会有所提高。

---

① 叶素贞,曾振华.情绪管理与心理健康[M].北京:北京大学出版社,2007:102-105.

(4)一旦事情的发展出乎意料,必然相当危险

大多数情况下,我们都希望能掌控事情的发展方向,希望事情能够按照我们设定的路线来发展,可是总有一些意外让事情变得无法掌控。我们要做的便是尊重事情自身发展的规律,接纳、适应出现的种种情况。

(5)我们所遭受的痛苦都是外来的

根本无法以人力来避免,更无法加以控制。幸福感是一种主观感受,同样的,痛苦大都也是主观感受。

(6)我们要随时随地防患于未然

这种讲法是说不通的,即使提心吊胆地时时防患未然,有些事情仍然免不了要发生。持续的紧张会把我们弄得筋疲力尽,以致危险来了反而失去了应变的能力。

(7)逃避困难和责任,远比面对它们容易

勇敢地面对存在的困难和问题,实际上比逃避更容易。而且在这个过程中我们也在挑战自己的信心,反而有利于自我超越,增强信心,体验自尊和快乐。

(8)我们一定要依赖比自己坚强的人

每个人都需要一些支持资源,在某些方面有限度地依赖别人是正常的。但是,过分依赖会导致自我的丧失,也会令对方感觉不堪重负。

(9)往事决定今朝,过去的影响是无法抹杀的

每个人都有成长和自我愈合的能力,有些事情的影响是深远的,但是不能让过去的事情,特别是负面的事情控制自己的一生。我们与别人休戚相关,应该尽可能促使别人符合我们的理想模式。不要试图去改造别人,不要试图将自己的思想

强迫推销给别人,并去改变他人。每个人都是一个独立的存在,都不希望被别人控制或操纵。做好我们自己,可以成为榜样,用美好的行为去影响别人,达到潜移默化的效果,而不是改造别人。

每个问题都应该有个圆满解决,否则结果会不堪设想的。大多数问题解决之道都各有千秋,但很少十全十美。我们所该做的是尽己之能去挑选一个较好的方式,去试试看。一旦行不通的话,应另寻他途,改个方法,再试试别的。

3.让情绪有一个出口

(1)适当发泄

主动来找心理老师沟通实际上就是一种发泄。还可以听音乐、参加体育锻炼、写字、画画、唱歌、找一个自己喜欢的地方静静地坐一坐,或者找个好朋友倾诉一下,这些都有利于不良情绪的发泄。一开始就沟通,情绪也不会积压那么久了。

(2)转化

消极情绪有时也有积极的作用,比如有的人就是愈挫愈勇。你打击我,我就要把更坚强的一面呈献给你看。

(3)偶尔讨好自己

生活中我们经常会因为别人而委屈自己。有时为了维持一个好的人际氛围,也会刻意讨好别人,但常常忘了自己。心情不好的时候做一点儿让自己开心的事,稍微放松一下自己。

(4)每天做件助人的事

帮助他人会增强自己的价值感,也会给自己带来快乐。

4.助人自助

分享话题:你最近有不开心的事或不好的情绪吗?是怎么

引起的？请在小组内和大家分享。

规则：①一组同学的时间为20分钟，每位同学有5分钟的倾诉时间。②当组内的同学倾诉时，其他同学只可以倾听，可以给发言的同学在动作等方面的支持，不得插入关于自己的情绪的话题。

5.享受自己的情绪

我们的味觉有酸、甜、苦、辣、咸，每个人的味觉偏好不一样。刚开始到南方时，我特别不能接受苦瓜，那么苦，怎么下咽呢？可是我看到很多本地人非常爱买苦瓜，还有苦笋，为什么偏偏要吃苦呢？在这里生活一段时间之后我明白了，福建地热，这里的人很容易上火，而苦味的食物一般可以降火，我也为了自己身体的需要开始食用苦瓜，竟然慢慢觉得也挺好吃的嘛。如同食物的需要，我们的很多情绪的存在也有其合理性。大家生活当中可能经常会有这样的感受，抑郁、焦虑等等情绪是不好的，我们要努力赶走它。

情绪没有好坏之分，每种情绪都会来伴随我们。每一种情绪都代表着你内心的某种需要。恐惧和焦虑，说明你需要安全感；生气和挫败，说明你需要被认可；伤心和孤独，说明你需要爱……而这些让你不舒服的情绪不会凭空消失，当你忽略它时，它甚至会表现得更凶，因此希望你珍惜这些出现在你身上的坏情绪，这就像感冒症状中的流鼻涕、发烧一样，提示你内心正缺失些需要补充的心理能量。不要老想着赶走糟糕的情绪，试着接纳，和它共处，像朋友一样去理解它，它就会让你成长。

第四节　压力管理

在学习生活中我们感受着各种各样的压力。父母期待我们的成绩更上一层楼,殷切期待是压力;自己想要"百尺竿头,更进一步",目标是压力;与好朋友发生矛盾了,人际关系是压力。可以说,压力无时不在、无时不有,不同的阶段我们将要面临不同的压力,因此如何调适身处压力中的自己,如何和压力好好相处,变成了我们一生要学习的功课。

一、压力的概述

(一)压力的定义

压力是心理压力源和心理压力反应共同构成的一种认知和行为体验过程,是对某件事做出的应激反应。

压力对个体的影响也是因人而异的,比如说参加数学竞赛,有的同学认为这只是另外一种考试而已,但有的同学可能将竞赛与自己的智力水平等相联系,认为如果考得不好就代表自己不够聪明等,考试的时候压力就会大一些。

(二)压力导致的生理、心理反应和行为改变

1.压力带给人的生理反应

(1)神经系统的反应

面对压力时,我们的大脑会有一个应激启动和应对,促使大脑分泌一些物质提醒你做好准备。比如,黄丽的高考压力让她要投入更多的时间和精力去学习。但是这种应激要在适

度的范围内,一旦时间比较持久,或者说超过了你的承受能力,这时压力就会给你的神经系统带来种种破坏,比如注意力下降、反应能力迟钝、睡眠障碍等。

(2)影响人的免疫系统

比如黄丽最近经常感冒,实际上是她的压力导致免疫系统的机能下降,如果压力持续时间比较久,会导致其身体激素分泌不平衡,进而削弱身体的免疫活性,就会有各种疾病产生。

2.压力带给人的心理反应

(1)积极的作用

压力适度时,人会更有动力去做某件事情,个体体验到的是比较有信心、精力比较充沛、注意力集中、观察力敏锐、反应比较快、效率很高等。

(2)消极的作用

一旦压力过度,就会导致焦虑、抑郁等情绪出现,个体也会变得敏感。就像黄丽,平时同学开类似的玩笑都没关系,可是处在过度压力的环境中,她就很容易发怒,并且她还出现了注意力不集中、记忆力下降的问题。

(3)压力带来的行为变化

压力过大时,很多人会出现行为改变。比如本来一个很开朗、爱说爱笑的人,在重大压力下变得沉默寡言了,有些人面对无法应对的压力时,会出现揪头发啃手指甲,甚至有些人会通过伤害自己来减轻压力带给自己的痛苦。

(三)对压力的认知

1.压力认知交互作用理论

有心理学家认为个体在压力源的作用下是否有压力反应,取决于个体对压力源的评价和应对。个体感受的压力是一个动态的过程,它会随着时间、任务完成的进度等而产生相应的变化。这个过程中,个体存在两个阶段的认知变化:第一阶段,个体要评价事件对自己是否具有威胁性和挑战性;第二阶段,个体会对自身的资源和可以获得的社会支持再次进行评价,当感觉应对资源不足时,压力便产生了。

这就是为什么面对同样的一件事情,不同人的压力反应是不一样的。如果希望自己不要压力过大,平时还要储备相应的资源。比如我们现在的身份是学生,那么在学习上就要储备更多的资源——知识。这样,面对考试就不至于太紧张。

2.正确看待压力

在我们的一般理念当中,压力是一种非常负向的力量,最好不要有压力。其实不是这样的,压力和绩效之间存在着这样的关系,当压力水平很低时,个体行动唤起的水平也比较低,所以绩效也较低;当压力继续增加,但保持在良性期间时,个体的绩效会随着压力的变大而提升;但是当压力过大,转变为恶性压力时,绩效又会下降。

3.接纳压力

没有压力的人生是不存在的。在不同的人生阶段会面临不同的压力,压力伴随我们的一生。我们所能做的就是学习和压力好好相处,珍惜它带给自己的力量。

二、压力管理的策略

1. 建立自己的压力剖析图

剖析图的建立要考虑以下四个部分[①]：

(1) 你的抗压临界点

比如平时的考试和学习中你觉得充满了挑战,但是你有征服的欲望,感觉自己斗志昂扬,平时的学习效率也比较高。但是高考马上要到了,你出现了焦虑、学习效率下降等症状,就说明此时的压力超过了你的临界点。

(2) 你的压力触发因素

每个人压力产生的来源是不同的。比如平时的考试不会让你感觉有压力,但是一说到高考,你马上感觉有压力了。

(3) 你应对压力时的弱势因素

由于个性、经历等的不同,每个人面对压力时都会表现出自己独特的弱势和敏感性。比如有的同学对别人的负性评价根本就不在乎,而有的人一听到别人对自己有负性评价就会难过好久。

(4) 你的反应模式

有的人面对压力时会去跑步,大汗淋漓之后觉得舒服多了;有的人可能觉得喝个酩酊大醉才好;有的人会用小刀划伤皮肤;有的人会去找好朋友倾诉。以上的剖析说明,只有你对自己的压力有了比较立体的认知,才能采取个性化的方式去控制压力,并找出适合自己的方法。

[①] 王道荣.青少年压力管理与情商开发[M].南京:南京大学出版社,2011：73-74.

2. 形成自己的压力管理日记

在日记中记录每天压力的来源，有时候你会发现有些压力你不曾觉察，但是日积月累变成慢性压力在影响你；记录你当时应对压力的方法，评估这种方法是否有效，这对你以后面对类似的压力时会有所帮助。

3. 改变你的坏习惯

比如有的人做事喜欢拖拉，没有到最后一刻绝对不去做事情。我自己经历了这样的苦头，一件定要完成的事情之前，我在想，反正时间还很多，拖一拖没有关系，但是在这个过程中我并没有体验到愉快或者放松，相反，心头总有一件事在那里挂着，总是不安心，最后事情草草完成，被领导批评，自己压力更大了。后来我改变了自己的方式，安排好计划，在前期尽量把事情做完，后面还留有自己放松和休息的时间，真所谓"工作起来心无旁骛，休息起来丝毫没有罪恶感"。

4. 掌握放松的技术

深呼吸可以带走你的压力，你现在可以用力地叹一口气试试，是不是觉得轻松了许多？当然，我们说的深呼吸要有一定的方法和技巧。技巧如下：①采用腹式呼吸，很多人采用胸腔呼吸，造成呼吸很浅，也很容易呼吸急促，达不到放松的效果。腹式呼吸是吸气时腹腔打开，呼气时腹腔收紧，用力把气体挤出去。②慢慢吸气，让气体充满你整个腹腔，屏住呼吸数到5，感觉腹部和下背部的扩张。③慢慢吐气，可以发出声音，数到10，感觉自己腹部和下背部收紧。有的人喜欢一下把气体吐出去，那一瞬间是放松的，但是不适合反复做，不能达到长时间的放松效果。

5.经常锻炼身体,增强自己的抗压体质

很明显的一个例子,林黛玉和薛宝钗,如果单从身体因素来考虑,薛宝钗会比自幼体弱多病的林黛玉更能抗压。所以有必要给自己列一个健身计划,通过自己喜爱的运动强健体质。

6.整理自己的资源,建立人际支持系统

没有人际支持的人很难有归属感。这种孤独本身就会带来压力。某次你被老师当众批评了,你觉得自己颜面尽失,自尊心受到了伤害,痛哭流涕,你的朋友默默地陪伴你,给你递一下纸巾,或者站在你的立场上说了几句话,你是不是就会好一点儿?相反,这种情况下没有人理你,任你在那里伤心痛苦,周围人的冷漠会不会对你形成第二次伤害?去埋怨他们吗?还是提醒自己一定要有自己的朋友群,在平时的生活中多积累一些友谊?

7.接纳

很多时候我们会遇到很无力的情况:一个自己不喜欢的老师;一个爱唠叨、传播小道消息的室友;父母的情感出现危机;或者生活当中一些相当重大的创伤性事件。这些都会给我们带来压力和无力感,面对无力的事情时,接纳是应对压力的重要策略。

三、压力管理训练

压力的存在一定是坏事吗?很多同学高考之前来找心理老师,问有没有什么方法可以让自己一点儿压力都没有。这种想法本身就是一个错误。压力与同学们的学业成就存在一定的关系,没有压力或者压力过大学业成就都不高,反而是中等压力水平下学生的学业成就达到最高。

（一）管理压力的第一步

找到自己的压力源及自己的情绪和身体上的反应：①当下什么事情让你感觉有压力？②面对这种压力时，你的情绪如何？身体有怎样的反应？③这种现象对你来说有什么样的意义？

（二）第二步

分析自己所拥有的可以应对压力的资源：①当前带给你的压力事件中哪些是可以改变的？②你目前能够付出时间和精力来做出改变吗？③你过去有没有处理过类似的压力？如何做到的？

以林佳丽的个案为例，当下要保持成绩在年级前十，让她感觉有压力。她的情绪和身体反应是失眠、心跳加速、手心冒汗。这种现象对于她的意义：觉察到了自己的不舒服，提醒她要关照自己。需要改变的：改变认知，不要把成绩当作唯一，身体垮了，再好的成绩也是零；改变学习节奏，不要一天到晚只顾学习，允许自己有放松、休息和娱乐的时间。只要你对当下的压力认识清楚以后，做出相应的调整和应对，就是比较轻松的事情了。

（三）目标分解减轻压力

林佳丽的目标是要考上北大，这或许是可以实现的，但是如果目标距离现实生活太远，就只能变成压力而不是动力了，所以要学会将目标分解。

我们先来看一个故事。曾经有一名马拉松选手，他经常在国际大赛中拿到冠军。当别人问他是怎样实现的时，他说每次正式比赛前,他都要去熟悉一遍马拉松的赛程,目的是找到沿途一些具有标志性的树或者建筑等。在第一阶段,他告诉自己,用大概10分钟的时间到达这里就可以了,这一阶段他并没有从众多选手中脱颖而出。到第二阶段,他要进入比赛队伍中的第一梯队,在这个队伍里可能是个尾巴,没关系,继续按照自己的方式前进。到第三阶段,他要进入前十名。到第四阶段,他要进入前五名。前一阶段目标的实现总是会带给他巨大的鼓舞和信心,因此即便是最后冲刺的时候,他依然是非常轻松的。

结合上面的故事,林佳丽的目标分解可以这样做:要考上北大在全市或者全校的排名是多少?目前的成绩距离上北大有多远?主要在哪些科目上存在差距?如何找时间加强这些科目的学习?将目标分解以后,实际的学习生活中自己就比较好掌控了,而且这种努力是具体可衡量的,再也不用担心别人的追赶,自己做好自己就可以了。树立一个理念,压力将与我们终生相伴,我们对压力的管理不是消除压力,而是要学会和压力好好相处。

(四)掌握我国台湾心理专家张德聪的方法"6W1H"

Why:压力因何而起?我为什么觉得有压力?例如:我的压力来自我父母的期望,因为他们要求我在这学期末一定要考到年级第三,我达不到。我自己要怎么做:和父母商量,我这次先进入年级前五名,等下次考试,我试试能不能达到第三。

Who:面对压力时,谁可以帮助我?除了我自己,我的资源在哪里?我的朋友可以帮我。另外,我的父母也可以给我支持。

Which：在众多解决压力的方法中，我选择哪一种方法对我最有效？

Where：压力来自何处？我觉得有压力时，哪一个地方最可以让我调适压力？

What：当我有压力时，做些什么事有助于消除压力？

When：我的压力何时会出现？什么时间最严重？什么时间最没有压力？当时是因为我做了什么吗？我要在什么时候开始面对？

How：我的支持系统是什么？（自身能力，周围环境、人际）

第六章 高中生职业规划与学科融合理论基础

第一节 职业规划与学科融合相关概念

职业规划和职业教育(职业咨询)100多年的实践历史,也是其理论框架的发展和丰富的过程。今天,对不同领域中形成的许多理论流派和观点有不同的分类方法。与职业规划和学科整合有关的概念解释如下。

一、职业的概念

一个职业是社会工作分工的产物。它通常是指那些利用自己的知识或技能为社会做出贡献的人,以及那些支持个人物质生活并从合理工资的价值中获得精神满足的人。随着生产资料的不断更新,社会经济形势的快速发展和经济的全球化,不同职业的需求也在不断变化,变得更加专业化。

二、生涯教育

随着社会的发展,职业的概念在广义和狭义上都得到了扩展。从广义上讲,"生涯"是指职业生涯中与工作有关的活动和经验,不具体指专业或职业经验,包括在人生不同阶段的不同岗位上获得的经验;从狭义上讲,"生涯"是指从职业到事业,从职业培训到退休的职业发展。我国学者沈志飞认为,生涯介于"生活"和"工作"之间,具有广泛的内容和丰富的意义[1]。

学者们对职业教育有不同的理解。然而,职业教育应包括以下基本概念:职业教育不是一个新的和独立的教育系统,而是一个定义所有类型的各级教育的概念。职业教育的主要目标是"生存和发展",旨在帮助每个人实现自己的价值,并按照自己的身份过上幸福的生活。职业教育是终身教育,换句话说,它是为一个人的整个生命服务的。职业教育注重"学习者",重视通过学习者的技能进行外部学习的过程。学习过程的重点是学习者的主观能动性。培训的主要内容是"未来职业的规划",其中包括一个人一生中广泛的教育活动。职业教育可以分为两种意义:广义和狭义。在最广泛的意义上,职业教育是指学校为学生的终身学习提供的所有教育计划和活动。从狭义上讲,职业教育是指帮助学生发展和选择职业。

三、职业教育

职业教育是一种有目的、有计划、全面的教育形式,通过提供知识,帮助学生树立正确的人生观,并根据自己的情况和社会的需要,合理地规划自己的职业生涯。职业教育不仅有助于学生的快速职业发展,还能提高职业规划能力。将职业教育纳入学校教育的目的是帮助学生了解与职业教育相关的理论和概念,为他们未来的职业选择做好准备。职业教育应涵盖从学前教育到成人教育的整个过程,并关注学生在整个职业生涯中的发展。因此,职业教育的特点是连续性和多样

---

[1] 白会翔. 高中生的职业规划意义和教育策略分析[J]. 中等教育中的课程咨询,2019,17(2): 8.

性。职业教育的重要性在于两个方面：首先，职业教育规划能够激发学生的学习热情，有助于培养学生的内在动力、竞争力和职业能力、自尊心和成功欲望；其次，职业教育能够更好地为学生找工作做准备。为了优化学生的社会和个人利益，必须最大限度地利用社会资源，丰富个人经验。

作为自然科学的一个基本分支，化学为现代生活、科学和技术提供了一个重要的物质基础。一些化学专业毕业生在材料科学、生物学、环境和能源领域工作，一些人在医学领域工作，一些人在制药、精细化工或工程领域工作，一些人在海关和检疫部门工作，还有一些人在汽车行业工作。高中化学课程涵盖了学生未来从事化学工作所需的基本化学知识和技能。职业教育和化学课程的整合显然符合教育趋势，不仅响应了个人需求和社会发展，还拓宽了化学课程的资源。

四、教学设计

教学设计没有单一的定义，课程设计理论认为，课程设计应涉及教学设计、开发、实施和评估的系统过程。课程实质上是教师在课堂上要做什么，学生如何实现学习目标并展示他们的学术进步和状态的预先计划，课程的设计从不同的角度出发，关注个体差异和人格特征。简而言之，教学设计是有意识地组织和控制学生的学习行为，通过预先设计的内容和过程实现预定的学习目标。

第二节　职业规划与学科融合相关理论

一般来说,理论帮助人们理解现象的本质,提出解决问题的方法并预测未来。支持职业规划和学科整合的理论也是如此。如果我们在整合职业和学科规划的实际过程中选择和应用相关的理论,我们将能够管理我们的工作并取得预期的结果。职业选择理论始于职业指导发展时期的特质因素理论,此后通过加入其他理论的相关部分得到了发展。

一、特质因素理论的选择理论

(一)特质因素理论的主要内容

特质因素理论是职业生涯管理理论中的第一个,40多年来一直被职业生涯从业者广泛用作理论基础。

基于当时差异心理学的性格和因素理论,强调在选择职业时对个人技能、特质和其他特征的衡量和理解。该理论假设人们具有广泛的潜在能力,这些能力可以通过心理测量学来客观地捕捉。特质因素理论也被称为匹配理论,这意味着如果一个人的技能、兴趣等与他们的职业相匹配,那么他的职业选择最初是理想的。

这些理论中最著名的是美国帕森斯(F.)和哈珀(W.R.)的理论,后来由赫尔(C.L.)和基特森(H.D.)发展。帕森斯在其著名的《选择职业》一书中从三个方面解释了这一理论的精髓:第一,清楚地了解自己,即了解自己的气质、能力、兴趣、欲望、愿望、限制和存在的基础;第二,了解成功的资格和机会、优点、缺点、回报等。对上述两个事实之间关系合理推断。

为了实现明智的职业选择,帕森斯提出了一些指导职业选择的方法,主要有以下几个方面:收集个人的各种信息;允许个人自我分析;允许个人独立做出选择和决定;根据建议继续分析选择和决定;允许个人尝试职业领域;提供适当的指导和建议;为所选择的职业量身定做所需帮助。

帕森斯的这些说法仍然容易被接受。随着职业指导的心理测量研究的发展,测试人格特征的方法也得到了发展,不再局限于能力和气质,而是开始探索更广泛的人格因素。特别是在20世纪50年代采用超级(D.E.)的职业能力概念后,各种测量职业兴趣和能力的心理测量方法在实践中被广泛使用,其中美国联邦就业保障局经过10年研究开发的通用能力测试(GATB)(1994)具有代表性。

(二)特质因素理论的不足之处

然而,随着时间的推移,内在因素理论在实际应用中的缺陷逐渐显现,主要体现在以下两个方面。

1."人职匹配"难实现

特质因素理论认为,每个人都应该有一份他们最适合的工作,而职业咨询的存在就是为了帮助个人找到最适合他们的职业。然而,在现实中,这种对"工作匹配"的过度强调往往会导致复杂和不可靠的匹配,这限制了该理论的普及[1]。

2."静态"的方法与现实差距大

虽然特质因素理论强调人们的技能、特质、兴趣等以及工作满意度和成功的重要性,并强调职业和工作的多维性和多

---

[1] 於巧云.论高中生做好职业规划的三个基础[J].成才之路,2017(35):34.

样性,但它是一种"静态理论",即根据个人的偏好、固定或静态条件来确定人与职业的关系。这太理想化了,与复杂的社会环境相距太远。

当然,如果一个人和职业之间的关系确实是一个长期的决定性过程,或者是一个短期的问题解决方案,帕森斯的理论可以成为职业选择的合理方法,这与特质因素理论的"人职匹配"观点是一致的。因此,为了弥补特质因素理论的"静态"片面性,人们开发了一种职业选择的"动态"方法,并逐渐成为职业选择理论的重要组成部分。

二、人格论的选择理论

帕森斯的特质因素理论为这一领域的研究提供了动力,因为在个人动机因素和人格的个体方面还没有深入研究。最具代表性的职业选择理论是波丁(E.S.1963)的精神动力学理论(精神分析)、罗伊(A.1957)的培育关系理论(临床心理学)和霍兰(J.L.1985)的人格和环境类型理论。

(一)心理动力论(精神分析学)

心理动力学支持弗洛伊德的精神分析方法来研究职业选择过程。精神分析最基本的概念之一是所谓的"精神升华构造",这意味着如果允许一个人不受限制地自由表达自己,他就有一种社会无法容忍的能量;如果这种能量向社会可接受的方向转化,就可以达到一种精神升华的状态。心理动力学认为,如果将这种升华现象引入到职业选择活动中,如果个人内在的心理动力参与到职业选择的过程中,就可以将其视为职业选择的建构功能。

根据研究和实验,鲍丁理论的主要观点是:一个人在早期适应环境的能力(身体操纵等)与成年后复杂行为的发展有关;人在成年后的行为与童年时一样,都是基于本能的欲望满足;从出生到6岁这段时间决定了人格发展和未来职业行为的模式。

(二)养育关系论

1.主要观点

罗伊的研究比较了自然科学家和社会科学家的人格特征,表明他们之间存在着明显的差异,而这种差异现象的存在主要是由于父母在幼儿时期对孩子的态度不同。罗伊提出了几个关于主要人格因素(即态度、能力、兴趣等)的假设,这些因素从这种早期的成长经历中产生,并影响到后来的职业选择:智力、特殊才能、兴趣、态度和其他先天的人格特征作为一般倾向而不是专门的倾向存在。他的主要观点如下。

第一,个人才能的发展模式主要取决于身心的精神能量是否主导了该方向的活动发展。

第二,人格特征的发展方向主要由早期的满足或不满足模式决定(马斯洛的需求层次理论)。

第三,精神和身体的灵性能量的流动方向是决定一个人的职业和生活领域的主要原因。

第四,无意识需求的强度对于决定实现目标的动机程度很重要。

当孩子表达出一种无意识的需求时,如果立即和持续地满足它,它将发展成为一种无意识的需求。

如果需求不能得到满足,将来可能很难再出现。如果是高层次的需求(如自我实现),或者是低层次的需求(如生理需求、安全需求),那么限制性阻断是合适的。

罗伊认为,幼儿时期的家庭氛围(温暖或冷淡)、父母对孩子的态度(直接照顾或回避或宽容)以及父母对孩子的态度(过度保护、过度要求、拒绝、忽视、爱护、改变等)决定了孩子成年后的能力和职业选择范围,并表明职业分化的趋势非常强烈。

2.不足之处

罗伊理论的特点是罗伊利用马斯洛的需求层次理论研究了职业选择和父母态度之间的相关性。然而,父母的态度对后代的职业选择的影响可能只是选择动机的一个方面,而不是全部。

(三)人格与环境类型论

霍兰德是一位职业咨询专家,有着丰富的职业咨询实践经验,他从1959年开始测量职业兴趣,认为有不同的人格类型,可以通过测量来区分,人格类型是遗传和环境相互作用的结果。

1.基本概念

霍兰德的职业选择理论以人格类型理论为基础,基于四个关键概念。

在今天的文化中,大多数人的性格可以分为六种类型:现实型、研究型、艺术型、社会型、企业家型和传统型。

在当今社会,环境和个性一样,可以分为六种类型:现实型、探索型、艺术型、社会型、企业家型和传统型。

人们寻求使用他们的知识、技能和能力,反映他们的态度和价值观并适合他们的职业环境。

人类行为取决于个性和环境之间的互动。

2.个性类型与环境类型的匹配

霍兰德提出,人格类型和环境类型是相互关联的。

(1)现实型的对应关系

媒介:机械、技术、实用、解决问题的专业。性格:技术能力强,喜欢具体、实际的活动。沟通或谈判技巧差,重视权力和金钱,性格内向和循规蹈矩。

(2)研究型的对应关系

媒介:需要科学研究技能、数学和解决问题的智力的职业。性格:科学、数学能力强,欣赏科学事物,喜欢了解其中的内容。在质量上与现实主义类型不同,性格上倾向于分析、反思、理性和内省。

(3)艺术型的对应关系

媒介:在一个对形式没有限制的环境中,需要创造力的职业。性格:具有独创性和想象力,有很强的艺术能力和敏感性,努力将美发挥出来。性格上有强烈的提出想法的倾向,不喜欢组织规则和约束,控制自己的能力稍差,倾向于自由表达自己的情绪。

(4)社会型的对应关系

媒介:需要服务(人、社会)能力的职业。性格:有说服和教育人的能力,愿意与人交往,有良好的人际关系并能保持这种关系。社会和道德活动的价值。良好的协调、责任和爱。

(5)企业型的对应关系

媒介:需要说服力的职业,如计划、领导和管理。性格:具有表现力和指挥性,期待权力和地位,重视政治、经济等方面的成功。

(6)传统型的对应关系

媒介:需要遵守规则和传统的职业,以及重复性的业务流程。性格:有商业和计算能力,重视形式和规则,喜欢组织和秩序,但缺乏艺术能力;倾向于遵守规则,保守和谨慎。

3.个性和环境类型学在职业指导中的作用

霍兰德认为,他的理论对职业咨询的实践有以下直接影响。它可以用来获取个人职业志向的简明清晰的信息;它可以根据测量的数据帮助了解一个主体适合什么职业领域;它可以促进个人的职业发展,通过咨询,可以解决主体职业发展中不成熟等问题,提高待遇。

(四)决策论的选择理论

"决策"是指人们在对职业选择做出决定时的理解和行为。决策旨在探索个人职业决策的具体过程,研究个人决策行为,分析实现目标的最佳步骤选择(技能和方法)。决策理论的发展始于20世纪60年代,一些理论研究者从不同的角度提出了他们的职业决策概念和模型,其中最具代表性的是希尔顿(T.L.1962)的职业决策模型、盖拉特(H.B.1962)的连续决策模型,以及奥西波夫(S.H.1973)的职业决策模型。

1.希尔顿职业决策模型

希尔顿对个人职业选择决策的研究受到费斯廷格(1957)的"认知失调"理论的影响。"认知失调"是一种心理上的紧张,由于认知因素之间的不一致,如个人的思想、态度和行为,产生了行动的压力。

决策过程从"前提"(即自己的信念、期望等)和"环境"(即工资、工作内容、工作条件等)开始。然而,从一开始就存在着这两个方面不一致的风险,希尔顿的决策过程就是为了最大限度地减少这种风险。例如,根据不匹配的强度,在开始时有两个流程:第一,如果强度很高,这个人立即避免前进,回到原来的"前提"重新调整;第二,如果强度不高,这个人重新思考"前提",或者在不太激烈的情况下创造一个新的"前提",然后逐一进行决定。

然而,如果我们想把希尔顿的决策模型付诸实践,这只有在选择条件和对象合适的情况下才有可能。

2.伽列特的连续性决策过程模式

伽列特以将经济理论应用于投资战略,并开发出一种持续的决策方法而闻名。根据伽列特的观点,意志决定的存在必须有两个特征:第一,决策者的存在;第二,决策者有两个以上的事实。

在他的模型中,职业决策分为试点(探索性)决策和最终决策,两者都必须通过连续的信息搜集和职业决策迭代来完成,其中试点决策是最终决策之前的迭代。而当调查反复进行时,即使在最终决定时,如果结果不符合目的,仍有必要从一开始就重新审查情报。此外,在整个决策的连续过程中,有三个阶段。

在第一阶段,信息被用来预测在现有职业中成功的概率。

第二阶段分析对结果的满意程度,考虑到个人价值。

第三阶段是根据你的目标评估选择,并决定如何选择。

伽列特的连续决策模型具有能够综合判断的优势,因为它是一个同时考虑两种以上选择的审议过程。显然,这种模式不适合对象范围有限的情况。

3.奥西泡的连锁性决策模式

奥西泡认为,职业选择是一项以个人为中心的活动。一个人的决定(职业决定)不是最后一刻的行为,而是在一系列小的个人决定(选择决定)之后做出的成熟决定。这些小的决策链是相互联系、不可分割的,一个链的存在直接影响到另一个链,形象地说就是一个与链非常相似的过程。这个链条和它的相互关联性通过骨质气泡得到了形象的说明。

4.杰普森等人的理论研究

在20世纪60年代后半期,出现了其他几个理论模型。杰普森等人研究的目的是将种类繁多的决策理论分为两大类:叙述性模型,即遵循记录的实际决策过程的模型,以及规范性模型,即允许人们明确遵循不同的规则并做出富有成效的决策的模型。第一组的代表是希尔顿等人,第二组是伽列特等人。然后,杰普森等人根据做出决定所需的时间以及信息和情报的数量对个人的职业决定进行分类。

第一种类型主要是针对认真进行正式职业规划和职业培训的学生,但现实中第二种类型的青年学生占大多数,而第三种类型通常是针对毕业后仓促选择的决策者,第四种类型与第一种类型接近,应该不会出现更多问题。纵观上述决策理论,我们可以得出这样的结论:尽管该理论有科学合理的部分,但它往往过于强调决策者个人的作用。这种倾向会使我们陷入主观判断的危险,这就是为什么在职业咨询中使用决策理论时,优先考虑使用尽可能客观的信息来进行判断。此外,决策理论是基于心理结构的图式化,很少考虑到影响职业决策的其他因素(社会环境、环境限制等)。

(五)社会学习理论的选择

1970年后出现的社会学习理论,是一种解释"人类行为如何通过学习发展"的理论。它以心理学的"刺激—反应"理论为基础,认为不仅要注意被动的一面,而且要根据认知原则,注意行为的预测形成功能,即不仅要从自己的行为和反应中学习,还要从他人的行为和反应中学习。在这一理论原则的基础上,克鲁伯兹(J.D.1974)解释了职业选择及其过程:职业选择行为是学习的结果,学习解释了过去我们周围发生的与未来期望有关的事情。

1. 影响职业选择的关键因素

克鲁姆巴德指出了影响职业选择的四个主要因素。

(1)个人的遗传特征

这包括自然特征,如种族、性别、体格和外表;特殊才能,如智力、艺术天赋、运动天赋等。

(2)社会和环境条件

这包括家庭情况、获得教育和培训的机会、就业机会、自然灾害等。

(3)两种类型的学习经验

这包括直接的学习经验,即个人在环境中采取行动并从中受益,以及间接的学习经验,即个人通过观察不同的事物来学习。

(4)接近主体的能力

这指的是个人在环境中发挥作用的认知能力、实现能力和情绪心情。

2. 理论模型

根据克鲁伯兹的说法,个人在积累经验的基础上通常会有以下效果:日常的自我监督,个人将他人以及自己过去的成功归功于学习经验;接近主题的技能,不仅包括有效达到不同主题的能力,还包括在达到主题的过程中培养坚持性;开始进行职业选择的行为,如决定申请某个工作或在学校做志愿者等。

这样,克鲁伯兹提出了一个职业选择和发展过程的模型结构:在人格特征和环境条件的基础上,学习经验和接近事物的技能是个人自己的积累,这两个方面自行发挥作用,形成自我观察的常规,导致接近事物的技能,从而形成决策行动。

3. 主要论点

为了验证他的论点,克鲁伯兹用例子说明了这一点。

(1) 影响一个人职业志向发展的主要原因

论点 A:如果一项活动在个体的自我活动中得到强化,与该活动相关的职业领域往往会成为个体的职业理想。例子:经常受到对艺术的赞美的人,更有可能对艺术职业有更多的渴望。

论点 B:观察到成功榜样的人更有可能在同一领域发展职业抱负。例子:喜欢阅读英国护士弗洛伦斯·南丁格尔传记的女孩,更有可能对护理职业产生浓厚的兴趣。

论点 C:个人倾向于对他们信任的人推荐的职业或工作形成职业偏好。例子:K 的一个德高望重的亲戚是一名警察,经常向 K 讲述他的工作,结果 K 也产生了将来要从事公安工作的愿望。

论点 D:个人倾向于对某一职业有积极的印象,认为这是一种职业选择。例子:对于不熟悉某种职业的人来说,有吸引力的、吸引人的介绍会比客观的一般介绍更让他们向往。

上述所有论点都有积极作用,反之则会有消极作用。

(2)影响专业决策技能(获得的技能)的主要原因

论点 A:如果个人对自己行为的某些方面采取主动和积极的态度,他们将在职业规划、自我监控、目标设定、信息收集和分析理解、工作技能和个人情绪反应等方面取得有效的学习成果。例子:当年轻人在学校学习职业决策技能时,如果他们积极努力学习,就能将其付诸实践。

论点 B:如果个人积极观察他人有效的职业决策行为,他们很容易获得这方面的技能。例子:如果电视上出现了一个做出成功职业决定的人,并且有赞美之词,那么观众很容易就会效仿。

论点 C:有机会接触到你所需要的人和信息,就更容易学习这些技能。例子:如果一所学校配备了职业信息,并能充分发挥其潜力,那么在该校就读的学生就比那些没有配备职业信息的学校的学生更有可能发展职业决策技能。

(3)影响职业培训选择的主要原因

论点 A:该专业领域的教育对于该人所向往的职业来说是很容易接受的。例子:想成为建筑师并表示这是他们的职业目标的人,更有可能在建筑行业工作。

论点 B:一个经过学习和培训的人,如果得到一份工作,就更有可能抓住机会,进入这个行业。例子:牙科医师的培训机会在某一特定领域是现成的,所以通过这一培训项目很容易成为一名牙科医师。

论点 C:如果一个人具有某一特定职业所需的素质,那么为该职业进行教育和培训就比较容易。例子:天生声带宽广的人比没有这种条件的人更有可能成为声乐家。

总的来说,与比较抽象的特质因素理论、精神分析理论和人格理论相比,克虏伯的职业选择社会学习理论更强调个人情况与环境的相互作用,其特点是对职业选择等个人职业行为进行实际而具体的分析。然而,克鲁伯兹提供的论据和例子缺乏实证和深入的经验,而且研究小组当时的实验范围主要限于美国中产阶级儿童。

(六)选择的偶然性理论

偶然性理论者认为,职业选择很有可能受到一个随机事件或机会的影响,而这个事件或机会对个人来说似乎是不可预测的。例如,如果一个毕业生正在找工作,而社会经济不景气,或者他们突然发现自己由于各种原因而迫切需要经济帮助。另一个例子是,某个教育机构或某个地方的工作原来适合某个人,并被列入他们的职业选择。当然,在人类无法控制的不可预见的事件中也可能存在一定程度的预测能力,例如,知识的深化和拓宽可能使人们在一定程度上预测经济的发展方向。

美国社会学家福姆与米勒研究了许多职业选择的例子,并报告说,人们在职业探索过程中经历了一系列动荡的变化,从而随机地决定了他们的职业道路,这并不罕见。

在米勒等人提出这一理论后,美国有人进一步发展了这一理论,认为在选择职业或目的地时,人们倾向于选择破坏性最小的选项,即选择目前没有障碍的职业或教育机构,这一趋势被称为机会理论中的"最小阻力理论"。

(七)经济学中的选择理论

与注重选择过程中的个人和随机事件的风险理论不同,经济选择理论注重社会的供求关系,即当前的社会经济就业状况、工人的分布和大多数人的就业趋势。根据经济选择理论,一个人对职业的选择是几个因素相互作用的结果。例如,收入、职业状况、工作条件等。这些是做出独立职业决定的主要原因。当人们被赋予充分的选择自由时,他们通常会选择能提供最大利益的职业。这些利益的重要性因人而异,但通常会首先考虑经济利益。

(八)社会学选择理论

社会学选择理论侧重于社会习俗和制度,并将职业选择的对象置于环境影响的社会背景中。社会学家指出,职业本身具有代际性,不同的社会环境会对职业理想的分析和选择产生重大影响。这些社会环境包括:父母的职业、收入、教育、性别、种族和民族、宗教、他们所居住的社区的地理区域、家庭稳定性、家庭和亲戚的规模、朋友的价值观和学校环境。社会学家们也用实际的研究结果证明了这些社会背景因素的影响。例如,父母的职业、教育和收入与他们子女的职业抱负之间存在着强烈的关联。在职业定位方面,社会学家认为,这种社会环境对学生职业的各方面发展有限制作用,必须从小拓宽学生对职业界的看法,使年轻人能够独立规划自己的职业理想,按照自己的意愿决定职业。

三、职业发展的理论

职业发展理论最初是为了应对特质和因素理论的局限性而提出的。特质因素理论认为,职业决定是人类一次性的选择行为。而发展理论则认为,人们的职业经历是不断变化的,就像他们的身心发展一样,随着年龄、资历、教育和其他因素的变化,存在着一个持续的、长期的发展过程。这个发展过程有不同的阶段,每个阶段都有自己的发展挑战和发展水平,通常被称为成熟度,包括职业理想的成熟度、职业决策的成熟度和自我概念的成熟度等。如果前一阶段的发展任务没有达到适当的成熟度,这将影响下一阶段发展的成熟度,并可能导致最终选择决策的困难。

职业发展理论发展于20世纪50年代,并在20世纪60年代和70年代应用于职业规划和教育实践,当时美国在职业发展理论,特别是舒伯的理论框架的影响下,形成了职业教育的理念。

职业发展理论最著名的支持者包括美国职业规划和教育理论家金兹伯格和舒伯。

(一)金兹伯格的职业发展理论

由金兹伯格领导的研究小组包括经济学家、精神病理学家、社会学家、心理学家和其他研究人员,对11~24岁的青少年进行了访谈和其他手段的实验。

金兹伯格等人探讨的一个关键问题是,人们的职业选择存在着不可逆转性。这意味着,一个人在某个时间点决定选择职业,很可能会缩小他们未来的选择范围,而随着时间的推移,改变这个人的决定将变得越来越困难。根据金兹伯格等人的观点,这个过程包括三个连续的阶段,也是个人的偏好和实际机会之间的权衡过程。金兹伯格所概述的青年时期职业发展的三个阶段,由于其表现特征,被称为"理想期""探索期""现实期"。

1. 空想期（未满11岁）

这个年龄段的青少年在职业选择上不仅受到现实生活的限制，而且还受到环境的制约。同时，这个年龄段的青少年相对于成年人有一种无力感，在他们的个人意识中，成熟的概念还很遥远。然而，这个年龄段的儿童开始明确表示希望被周围的成年人平等对待，并摆脱无力感，但他们的职业愿望或对工作的看法仍停留在游戏性愿望的水平。

2. 研究期（11~18岁）

这个时候，年轻人开始意识到他们需要对自己未来的职业做出决定，并为自己的职业选择奠定基础。这个时期的发展可以分为"兴趣导向""能力导向""价值导向"和"变革导向"。

（1）兴趣导向期（11~12岁）

这是青少年开始意识到需要选择职业的时期，也是他们对某种事物的渴望表现为兴趣和关注的时期。然而，由于这是一个不确定的身体和精神成长和发展时期，此时的职业决定是不确定的。

（2）能力导向期（13~14岁）

在这一时期，年轻人开始考虑他们的职业并实现他们的潜力。即使他们对某一职业领域感兴趣，他们也会开始考虑自我反省和自我检查，看看自己是否能做到这一点。此外，在这一时期，将父母作为榜样的倾向已经减少，年轻人对他人的影响更加开放。

（3）价值导向期（15~16岁）

在这一时期，年轻人不仅从自己的活动和兴趣方面考虑自己的职业，而且还从社会角色和职业地位方面考虑自己的职业。他们认为自己的职业不仅是满足个人需求的手段,也是服务社会的手段。他们对自己的未来有更广阔的视野,对自己的职业选择有紧迫感。

(4)变革导向(17~18岁)

这是一个过渡时期。年轻人意识到,他们必须对自己的职业做出决定,而这个决定将对他们的未来负责。

3.现实(18~22岁或18~24岁)

这一时期个人之间的差异非常明显,这也导致了每个人的职业抱负的显著差异。这个时期可以分为"试行期""结晶期""特殊期"等。

(1)试行期

你要尝试在几个可能的领域对你未来的职业做出选择。你在这一时期的经历与你未来的职业选择密切相关。

(2)结晶期

试点测试的重点是不同的职业领域,但也包括他们明显想要避免的职业。这一时期是年轻人整个职业选择过程的高潮。

(3)特殊期

这是青年时期职业发展的最后一个时期,虽然不可能对所有年轻人的职业发展采取一般性的方法,但这一时期的特点是对一些问题的处理更加细致,比如年轻人选择的职业内容。

多年来,职业规划和教育领域的理论家和实践者对金兹伯格的理论表达了不同的看法。因此,20年后(1972年),金兹伯格对他的理论进行了重大修订,其中主要有三点。

第一,职业决定不仅仅是在青年或成年早期做出的,而且伴随着一个人的整个职业生涯。

第二，职业选择的不可逆转性怎么强调都不为过，因为以后有可能逆转，但必须认识到，如果出现这种情况，时间、精力和金钱将被浪费掉，白白浪费掉。

第三，在谈到职业发展中的"妥协"现象时，比"妥协"更合理的说法是"一致"，因为它意味着一个人的期望和现实之间的相互"对应"。"合适"这个词比"妥协"更合理，因为它抓住了理想的自我和现实之间相互"适应"的想法。

(二)舒伯等人的职业发展理论

舒伯的职业发展理论的主要贡献是将职业选择和适应过程从童年延伸到老年，并将其发展为一系列的阶段，在不同时期有不同的发展主题和不同的成熟速度。根据舒伯的说法，职业咨询(职业规划和职业教育)是一种协助人们职业发展的活动，它帮助人们在职业选择和适应中不断发展，反复引导他们，直到他们探索出真正适合自己的职业领域。以下是对现代社会中对职业规划和职业教育产生重大影响的理论，即自我概念理论、职业发展阶段、职业发展主题、职业成熟度体验等。

1. 自我概念的理论

(1)舒伯自我概念理论的中心内容

舒伯的理论侧重于工作满意度，以自我的概念为中心。舒伯认为职业发展是自我概念的形成、职业语言中自我概念的存在以及职业自我概念的实现。舒伯的自我概念理论的主要内容可以归纳为以下几点。

人们通过选择促进自我实现的职业来表达自己和自己的自信心。

人们通过他们的职业来表达他们的自我概念,他们在人生的不同阶段有不同的自我概念的表达。随着专业经验的增加,职业行为趋于稳定。然而,鉴于职业之间的差异,自我概念的实现受到外部环境的限制。

(2)理论框架

舒伯的发展理论与早期的职业指导理论的一个主要区别是,来自职业心理学的观点是建立在差异心理学的基础上,侧重于职业经历(生命历程)的心理方面,而发展心理学则是建立在发展心理学的基础上。基于这种发展的观点,舒伯在广泛研究世界主要国家的职业规划和职业教育的实践经验和理论的基础上,形成了自己的理论体系,并于1957年提出了以下论点,成为他的著名理论。

面向未来的职业发展通常是一个不可逆的过程。

职业发展有一个固定的程序和格式,是一个可预测的过程。

职业发展是一个同步化的过程(个人与环境的互动)。

自我概念在青年之前就开始发展,并在青年时期进一步确定,逐渐成为一种专业语言的自我概念。

随着年龄的增长(从青年到成年),关键的现实因素(个人性行为的现实、社会存在的现实等)将在职业选择中发挥越来越大的作用。

父母或长辈从小的"平等对待"态度与个人发展合理的自我角色和协调人际关系的能力有关,也与个人的职业规划和结果有关。

一个人从一个职业层次过渡到另一个职业层次(以及向上),以及过渡的速度与个人的智力、家庭的社会经济状况、个人的价值追求(价值观)、兴趣、沟通能力水平、社会经济供求状况等有关。

个人对职业领域的选择与他或她的兴趣、价值观和愿望、父母和长辈的期望、当地现有的社会资源(如文化、教育机构等)、教育水平和质量、居住地区的社会职业构成和趋势以及个人对自己职业的态度有关。

不同职业所需的个人技能、兴趣、性格和其他素质在不同的职业中得到了很大的调整。在同一职业领域,有可能与不同的人一起工作,同一个人也有可能做不同的工作。

你的工作满意度取决于找到一个与你的技能、兴趣、价值观、个性等相匹配的职业。

工作满意度与自我实现的程度成正比。

在某一行业中,从事该行业的人大多数是男性,或者大多数是女性,在性格上会有一个转变。然而,有些人有时会飘浮在这样的十字路口,有时会偶然出现在十字路口,有时会完全离开十字路口。

2.职业发展的各个阶段

(1)舒伯的职业阶段分类法

在舒伯之前,一些工业心理学家和社会学家从不同的学术角度概述了人生中的职业发展阶段。在其早期作品《职业适应的动力》(1942)中,舒伯也试图确定阶段,但后来在金兹伯格和其他人的研究基础上发展了自己的工作生活阶段理论。舒伯将一个人的工作生活分为五个阶段。

训练阶段(从出生到约14岁)。这是自信发展的阶段,取决于关键人物(父母、老师等)在家庭或学校的"平等待遇"。虽然欲望和幻想占主导地位,但社会参与意识逐渐发展,个人开始意识到自己的兴趣和能力的重要性。这一阶段可分为三个时期:①幻想期(4~10岁):幻想期的职业角色的自我实现对职业理想的发展很重要。②兴趣期(11~12岁):兴趣成为职业愿望的主要决定因素。③能力期(13~14岁):开始考虑能力,并考虑就业要求。

探索阶段(15~24岁)这一阶段是通过学术和课外活动进行自我反思和职业探索的时期,可用于评估职业角色,可分为三个阶段:①暂定(15~17岁):考虑偏好、兴趣、技能和价值观,关注进一步学习或职业的所有可能性,开始初步选择。②过渡期(18~21岁):思考职业或继续教育选择和实现的过程,重点是现实因素。③试行期(22~24岁):找到一份合适的工作,把已经开始的工作作为职业生涯的起点。

进入阶段(25~44岁):学习适合自己的职业领域和工作的过程可以分为两个时期:①审查期(25~30岁):自我指导和适应,使适合自己的工作成为自己的职业生涯。②调整期(31~44岁):一个人一旦确定了适合自己的工作经验类型,就会进入职业调整期,尽一切可能巩固和保持自己的地位。对大多数人来说,这个时期是最有创造力的。

维持阶段(45~64岁):由于这一时期个人在职业界的地位得到巩固,职业兴趣往往集中在维持现状和有利的现状上,而对开发新的职业领域的兴趣下降。

衰退期(65岁以上):随着体力和精力的下降,人开始对工作感到力不从心,逐渐停止工作,从参与者到观察者,可分为两个时期:①减缓期(65~70岁):这是退休期,也是最后的维持阶段,此时工作节奏放缓,从正常工作减少到与个人身体能力相当的临时工作或轻度工作。②退休(71岁以上):由于个体差异,不可能说何时完全终止雇佣关系。对一些人来说,工作仍然是生活的乐趣,但对另一些人来说,它成为一种压力和负担,对一些人来说,它可能像死亡一样可怕。

(2)哈维格斯特对职业发展阶段的划分

当然,虽然舒伯支持职业阶段理论,但其他职业规划和职业教育的研究者也对这一理论进行了学习和研究,哈维格斯特(R.J.1994)就是其中之一,他以一个人作为职业人的出现过程为主线,将一个人的职业发展分为以下几个阶段。

成年早期(18岁—35岁),这一阶段主要职业任务是开始从事一种职业,承担和履行成年人应有的公民责任;成年中期(35岁—60岁),这一阶段主要职业任务是接受并适应中年期生理技能变化,建立并维持某种经济水准的生活;成年晚期(60岁以上),这一阶段主要职业任务是适应逐渐衰退的体力和健康状况、适应退休生活和收入的减少。

3.职业发展专题

职业发展这一主题是在一个人的职业发展变化阶段中不可避免地出现的一系列问题。探讨发展主题的目的是防止挫折,圆满解决问题,以便顺利进入下一阶段。

舒伯提出了以下关于生活中职业发展的主题。

(1)学龄前儿童的发展主题

增加了自我照顾的技能;对同性父母的认同;改善了自我照顾的技能。

(2)小学阶段儿童和青少年的发展主题

有能力合作制订联合计划;有能力选择适合自己能力的行动;对自己的行动有责任感。

(3) 中学阶段的青年发展主题

进一步发展技能和才能；选择学校课程（选修课程）；发展独立性；选择继续教育或就业。

(4) 成年早期的发展主题

选择学习课程（核心课程和选修课程）；选择合适的工作（专业类型）；发展与工作相关的技能。

(5) 发展主题最突出的年份

求职的稳定性；保障未来；发现合适的晋升途径。

(6) 老年时期的发展主题

适应渐进式退休；丰富休闲时间，在个人感兴趣的活动中获得技能；尽可能保持独立。

4. 专业经验的成熟度

(1) 专业经验的概念

自20世纪70年代以来，由舒伯的研究开创的职业教育已经被职业规划和职业教育领域的研究人员所重视。"职业"一词最初有多种解释，如"经验""生计""事业"等。在职业规划和教育领域，目前对"职业"的定义是指一个人的经历和职业。

(2) 发展专业经验

在整个生活中，人们是学生、休闲工作者、公民、工人和家庭成员。生活是许多建设性角色的表现，如"家庭成员"。舒伯分析了每个人在每个角色中的重要性，从参与，到参与和知识。考虑到三个方面："相关性""参与""知识"。相关性是指个人在工作、学习、社区、家庭、休闲和其他活动中的情绪和态度；参与是指对特定角色投入的时间和精力；知识是指一个人在每个角色中的知识水平。舒伯根据实验得出的每个社会角色中个人角色的突出程度,发展了"比例角色模型"。

由日本研究人员开发的"角色特征问卷"。近年来,世界各地的职业规划和职业教育研究者对舒伯的成熟理论概念在职业体验设计方面进行了更多的实践研究。

由日本研究人员开发的个人职业社会化进程图。此外,日本的研究者如若林满(Mitsuru Wakabayashi)从个人职业社会化过程的角度研究了年轻人的职业经验和职业类型发展的构建。

若林满简单地解释了个人在以下三个广泛领域的职业社会化过程。

第一个关键领域——构成职业社会化进程的"人群"的人为因素,对这一进程有重大影响。

另一个重要的领域——职业社会化的"过程"——是通过学生在学校的各种经历来发展自信和职业意识。

第三个关键领域——"结果",表明你所选择的职业。近年来,日本职业规划和职业教育界经常引用若林满等人的研究,作为分析个人职业经历发展过程的一般模式。

(3)职业经历成熟的指标

舒伯提出的六个职业成熟度目标领域。

舒伯为了确定职业发展问题,探索和发展年轻人的职业决策、职业调整和职业成熟的能力,舒伯提出了职业成熟的六个目标领域:职业选择定位、职业信息和规划、职业适合、个人身份澄清、职业独立以及职业选择智慧和能力。同时,舒伯为每个领域制定了一套指标。

职业选择的方向:对选择的关注;面对方向性问题时的承诺程度。

有目的的职业信息和计划:关于有目的的职业知识信息;关于有目的的职业计划信息。

职业抱负的相关性:与职业抱负领域的相关性;与职业抱负的职业群体(领域和级别)的相关性。

个人特征:兴趣的类型化程度;兴趣的成熟度;工作的选择;工作价值的类型化程度;讨论工资的能力;对选择和计划的责任。

专业独立性:专业经验的独立性。

职业选择的明智性和适当性:技能与爱好的匹配;测量的兴趣与爱好的匹配;测量的兴趣与幻想的爱好的匹配;职业水平与测量的兴趣水平的匹配;爱好的潜在社会经济影响。

10多年后,舒伯的学生科莱恩(Crites,J.O.,1973)综合并发展了舒伯的研究,区分了以前不规范的内容和选择过程,并提出了一个由一般因素、因素组(4组)和变量(16个)组成的职业成熟度分步模型。

在这个模型中主要有四组因素:①职业选择的一致性:这是指一个人意识到职业状况和水平是否与自己的选择一致所需的时间,即职业探索的连续性程度。②职业选择的现实性:指所选择的职业与个人特征的匹配程度,包括技能、兴趣、个性和社会阶层。③职业选择能力:指了解和处理职业选择问题的能力,包括处理决策问题的能力、选择目标的能力、计划能力、评价职业信息和职业选择的能力、自我评价能力。④对职业选择的态度:这主要是指个人对职业选择的关注程度。例如,是否重视职业选择的方向,是否重视以自己的意志为中心独立选择职业,是否重视选择过程的每个环节,等等。

在研究职业成熟度指标的同时,还开展了几个职业成熟度清单项目。其中最著名的是舒伯的职业发展量表(CDI,1972)和Colleen的职业成熟度量表(CMI,1973)。此外,许多国家的职业规划和教育研究人员也结合本国的实际情况,制定了各种措施。

第三节　高中生职业规划指导融入学科教学的意义

一、让学生更容易实现完美人生

第一,职业规划教育非常重视学生的学业状况,可以提高学生的学习积极性,提高学业管理能力,帮助学生正确认识自己,发挥潜能,从科学的角度选择考试科目,自愿完成大学课程,顺利完成从中学到大学这一人生重大转折点的过渡。第二,职业规划教育的目的也是为了发展学生的未来职业和他们的人生价值观。通过适当的职业规划和基于能力的指导,学生可以发展他们未来社会发展所需的知识、技能和关系,帮助他们平衡社会角色,以实现其理想生活[1]。

二、有助于教师的专业发展

专业的教学培训可以帮助教师拓宽知识面,提高教学技能。教师也可以随着时间的推移调整自己的教学思路,有效地理解课程,更好地实现教育目标,提升自己的专业能力。同时,教师可以掌握专业知识,发展自己的事业,挖掘自己的潜

---

[1]张遥.高中生职业生涯规划指导的意义与实施策略[J].新校园,2021(8):81-82.

力，更好地创造个人和社会价值，实现自己的人生理想。

三、促进该学科教学的健康发展

职业教育的目的是发展与生产和生活密切相关的未来职业。将职业教育与中学的学科教学相结合，为教学创造了一个特殊的环境。一方面，它让学生体验到一个过程，在这个过程中，相关学科的知识被用来理解专业是如何工作的，激发学生学习化学的兴趣，并帮助发展技能；另一方面，它让学生接触到广泛的社会信息，支持对科学和社会问题采取辩证的方法，并发展对社会和自然的责任感，从而发展对专业、生活和价值观的理解。因此，将职业教育融入学科，不仅有助于学生的个人发展，而且使学科的教学更符合发展的需要，有助于学科的健康发展。

四、可以改善复杂严峻的就业状况

随着技术的快速发展和经济的全球化，中国的现代化建设面临着巨大的挑战。迫切需要创新来适应快速变化的社会。但是，目前中国大学生的就业压力仍然很大，这就造成了就业困难的社会现实。在高考后自愿选择大学专业时，大多数学生对大学的专业了解不够，更倾向于听从老师和家长的选择，而不是按照自己的兴趣和对专业的先入为主。因此，进入大学后会出现一些负面现象，比如，学生会对自己的专业不满意，担心自己所学专业的就业前景，这大大影响了学生上学的积极性。但在大学转专业并不是一件容易的事，因此，在中学阶段加强学生的职业规划教育，提高学生对专业的认识和理解，也有助于学生提高学习的积极性。这也将有助于学生选择专业和职业，从而有效缓解当前严峻的就业形势。

第七章　高中生职业规划指导与学科融合策略

第一节　渗透策略

职业规划教育作为中学生物课引入职业规划教育的重要手段，以生物知识为主要依据，以中学实习和高考为主题重点，选择合理的生物课进入渠道，引入与生物相关的职业内容，通过生物教师的职业辅导，向学生介绍与生物相关的职业。为了向学生介绍生物相关专业的条件和工作环境，建立对生物相关专业的职业认同，培养学生的社会责任感，提高学生的综合素质，使学生成为社会的塑造者和追随者，最终确定职业理想，结合生物学科的特点，在高中生物课中有效渗透职业规划教育，提出以下策略。

一、挖掘教材内容，完善职业认知

生物学是高中阶段的一个重要核心科目，其知识具有广泛的社会应用。作为一名中学生物教师，通过沉浸在生物课本中，立足于课本内容，让学生获得职业意识是一个重要的前提条件。例如，在生物必修二"伴性遗传"一节中，教师可以介绍遗传咨询师这一与生物学相关的职业，教师可以通过讲解伴性遗传的特点等内容知识,分析成为遗传咨询师所需的基本知识,然后向学生展示遗传咨询师的图片,让学生了解遗传咨询师的工作环境、工作条件、学历要求和发展前景。然后向学生展示遗传咨询师的相关图像,帮助他们了解遗传咨询师的工作环境、工作条件、学术要求和发展前景。

二、转换教学方法,培养职业认同

传统课程以教师的讲授为主,学生参与度低,导致学生的积极性不高。将职业规划教育嵌入到生物教学中,并针对每节课的内容选择适当的教学方法,如实验研究法、角色扮演法等,让学生积极参与,从而掌握基础知识,获得相关职业信息,增加学生对生物相关专业的体验,达到职业认同的效果。

三、注重联系生活,树立职业理想

进入任何职业都不是一件容易的事,每一个职业都会面临各种困难、挫折和艰辛,只有坚强的意志才能经受住挑战和发展,所以每一个职业前景者在做出职业决定之前,都应该学会锻炼自己的意志,积极有效地培养自己的意志品质[①]。职业振兴要求生物教师搜集与生物有关的职业信息和日常生活中的职业案例,将德育思想融入课堂,让学生了解与生物有关的职业价值,培养学生的社会责任感,通过将生物课与现实生活中的实例联系起来,促进学生职业意愿和职业理想的形成。

---

① 刘艺.高中生物学教学中渗透职业生涯规划教育的实践研究[D].大连:辽宁师范大学,2021:20.

四、切实提升教师生涯规划教育的意识与能力

(一)提高教师开展生涯规划教育的意识

近年来,许多政党发布的政策文件都强调要为学生提供职业教育,《国家中长期教育改革和发展规划纲要(2010—2020年)》和《中国现代化建设2035年规划纲要》都提到了这一点,可见这个问题的重要性。普通中学提供的职业教育可以帮助学生更快地适应社会生活,养成终身学习的习惯,从而促进他们在各个层面的发展。GCSE教学大纲(2017)明确指出,GCSE学生的教育目标是"学会独立生活,热爱工作,适应社会,充分了解自己,并能规划自己的职业生涯"。这表明,中学教育的目的不仅是对学生进行文化教育,而且还要教他们如何适应社会,学会如何在工作场所生存,并为自己的未来做计划。中学思想政治课教师要提高对职业生涯规划教育的认识,认识到职业生涯规划教育与教学工作密切相关,不仅要关注学生的成绩,还要关注学生各方面能力的提高,促进学生全面发展,自觉落实教育改革的要求,将职业生涯规划教育纳入学校课程。只有这样,才能有效促进中学思想政治课教学的发展,更好地促进学生的长远发展。

(二)提升教师进行生涯规划教育的能力

在职业教育中,教师需要密切配合教科书上的知识,对他们的技能提出高要求。教师要不断主动学习,适应新高考的要求,对生涯教育的目的和内容有清晰的认识,在教学中自觉宣传生涯规划的重要性,避免学习过程中的盲目性、主观性或随意性。

一方面,教师本身应接受职业规划教育的培训,加强理论

知识的学习,如帕森斯的人格与职业匹配理论,了解职业的范围和职业要求,接受符合职业市场变化的职业教育的最新信息,并将规划教育与中学思想政治课相结合。另一方面,要积极参加校内外举办的各种研讨会,与其他教师交流实施生涯规划教育的经验和心得,以提高自己实施生涯教育的专业水平和技能,促进学校生涯规划教育的发展。此外,教师应从重新审视教材入手,在中学思想政治课中开发职业规划教育的教学工具,以拓宽思想政治课的内容,同时融入职业规划教育。他们还可以参与对中学生的职业规划教育教学,以提高学生的职业规划知识。

(三)教师需要很好地规划自己的职业生涯

中学思想政治课教师可以以身作则,首先在自己身上找到有价值的职业规划教育内容,包括自己的学习路径、生活经历和社会经验,为学生的发展提供方向。这既是我们的教育实践和此时学生的个人需求对教师的新要求,也是教师实现自我价值的重要途径。然而,目前许多教师缺乏对自己职业规划的了解和能力,他们对自己目前和未来的目标没有明确的规划,这也是教师出现职业倦怠,无法在教学工作中向前发展的原因之一。教师的职业规划可以帮助他们规划自己的职业生涯和日常教学活动,提高他们的工作效率和职业幸福感,发展他们的专业技能,加强他们的专业发展,有助于提高他们的竞争力,从而减少职业倦怠和职业拥堵的压力。教师只有以身作则,才能很好地引导学生进行职业规划。教师的职业规划和反思也起到了影响学生的作用,为促进学生的职业规划奠定了基础,唤醒了学生的职业规划意识。

五、充分挖掘中学思想政治课的课程内容

要使职业规划教育成为中学思想政治教学的一部分,教师需要充分挖掘教科书中有关职业规划教育的教学资源,将学生需要学习的内容巧妙地融入教学中。这提高了思想政治课程在中学教育中的实际应用,提高了学生的职业规划意识,突出了中学教育中思想政治学科的针对性和进步性。

(一)引导学生正确认识自己

每个人都有自己的特质,对自己的了解是做好职业规划的前提,但大多数中学生对自己没有清晰的认识。在这方面,中学思想政治课教师应帮助学生了解自己的喜好、特长和能力,在充分了解自己的基础上做出正确的职业选择。

多媒体海报:近日,一位名为"C9C10小雪阿姨"的博主在网络上走红,凭借其通过微博进行远程宿舍管理的新方法,吸引了近2万名粉丝。一些网民发现,她原本于2012年毕业于浙江传媒学院,并离开了国家税务总局广州市局的工作,在浙江农林大学担任酒店经理一职。许多网友对她的做法感到不解,但她回答说:"宿舍管理也很有价值,能帮助很多学生,我非常喜欢这份工作。"这在她微博的评论中引发了对她职业选择的讨论。

问题1:你为什么会选择以本科生的身份从事驻地经理工作?

问题2:你对自己未来的职业有什么设想吗?

问题3:我们应该做些什么来为目前困难的劳动力市场形势做准备?

学生在小组中讨论并回答问题。

教师总结：对于工作的人来说，工作必须与他们的情况相关，并能让他们感到满意，这样才能实现他们的人生价值。这就是为什么我们需要树立正确的就业观，做出最合适的职业选择。在新时代，作为劳动者的我们需要做好中学阶段的准备，对自己的兴趣和能力有深刻的了解，对自己的优势和劣势有清晰的认识，提高生存技能，做好职业规划，才能在激烈的就业竞争中立于不败之地。

在这部分课程中，教师必须启发和引导学生用哲学的智慧来了解自己。例如，在第5课"让我们从现实出发，在事实中寻找真理"中，可以给学生一份优势和劣势的检查表，要求他们填写，仔细反思自己的情况。学生可以分析自己的长处和短处，客观地分析自己，加深对自己的了解，进而发展自己的长处，纠正自己的短处，提高自己。

(二)引领学生了解社会与职业

毕竟，人类在成长过程中要独立面对社会，实现社会责任。作为新时代的员工，必须紧跟国内外的重要发展，了解宏观政治和经济环境，以便在职业规划中拥有广阔的视野，为未来的社会竞争和适应做准备。

"经济生活"使人们对国内外的各种经济现象有了深入了解。在四个单元中，它帮助学生获得对一般经济学的基本了解，并提高他们对经济和社会的认识。主要内容有：日常生活中的基本经济问题、企业的生产经营、就业、不同类型的投资、国家和个人之间的收入分配、中国的基本经济制度、社会主义市场经济、当前世界经济的发展趋势、中国适应经济全球化的战略等。

在政治生活的学习中，为学生提供相关的政治信息可以帮助他们在中学阶段形成正确的政治观念，提高他们的政治意识。政治常识教学可以帮助高中生了解中国的政治环境，学习公民政治生活，学会有组织地参与政治，增强公民意识，提高政治参与的意识和能力。它还可以帮助高中生了解国际政治环境，了解当代世界的政治形势，了解国家之间的合作与竞争关系，以及我国在国际上的地位和作用。

目前，中学生对自己未来的职业没有计划，也不了解社会。即使有些人在中学时就已经计划并确定了就业目标，但市场经济的演变给许多职业带来了很大的不确定性。中学生即将成年，他们中很少有人会在离开学校后进入劳动力市场。如果他们能在这一时期了解就业情况，搜集就业信息，并根据自己的兴趣和能力确定未来的职业道路，就不会在进入社会后不知所措，并能根据自己的工作经验灵活应对不同情况。根据职业规划教育的内容，可以看出，中学教育的思想和政策方面的许多知识与学生未来选择的职业密切相关。

例如，就"经济生活"课程中包含的经营企业的知识而言，教授的教学重点是创业的定义和概念、企业的运作以及良好经营企业的方式方法——这些知识是在大学阶段学习经济和管理的学生需要掌握的，可以帮助他们为自营职业做准备。第6课"投资和金融选择"介绍了金融知识，如不同的投资和金融渠道及产品。这些知识对大学里的金融专业学生非常重要，将来在金融部门工作的学生也应该记住这些知识，例如在银行、信托公司和风险投资公司。第8课"财政与税收"介绍了公共财政、税收和缴税，这是本科阶段财政专业学生的专业内容，也是未来从事会计工作需要掌握的内容。

必修二"政治生活"以公民的政治生活为基础，深入了解公民的权利和义务,我国政府如何为人民服务,我国的性质和不同的政治制度,以及我国当前的国际政治形势。其目的是培养中学生对政治参与的理解和能力,培养律师、公务员、全国人大代表等所需的知识。由此可见,政治常识与职业教育也有非常密切的联系,教授这部分内容的教师应该对职业规划的课程进行深入分析,以找到两者的结合点。

(三)帮助学生做好生涯规划

经济生活和政治可以帮助学生了解国内外的政治和经济形势,发现自己的专业兴趣并做出适当的职业选择。对哲学和生活的研究有助于学生对生活进行更深入的思考,并做出良好的职业规划。通过探索意识、关系、发展和矛盾,学生将发现哲学的智慧,学会综合思考,意识到自我和社会的关系,研究社会发展的基本规律,并学会在生活中做出正确的选择。

在第5课"意识的作用"中,可以要求学生思考和讨论:"30年后我将在哪里?"并通过学习任务引导学生制订职业计划。

教学情境:(教师)每个人都有一个理想,是我们奋斗和生活的目标。你有没有想过你在20年后会是什么样子?请学生用以下两个问题来思考"20年后的我"。

问题1:你在20年后将从事什么职业?

问题2:写一个未来20年的目标,并考虑如何实现它。

请学生分享。

教师总结:人们常说"我不是怕我做不到,我是怕我想不出来"。每个人都有职业理想,可以制订行动计划来实现自己的目标,这就是意识的动态作用的体现。在良知的指引下,我们应该以实际行动确定自己的人生目标,并为自己的发展制订计划。

学会从发展的角度看问题,可以帮助中学生理性地对待学习和规划未来。例如,在讲授质量的对等性时,以世界马拉松冠军山田本一为例:山田本一个子比较小,在长跑方面没有任何优势,但他却屡屡获得好名次,人们觉得不可思议。当一位记者问他的获胜技巧时,他简单地回答说:"这都是关于聪明的问题。"多年后,他在自传中透露,他总是事先观察赛道,寻找引人注目的东西作为参照物,他把赛道分成几个阶段,一步一步地走,而不是想一口气走到终点,在到达半山腰之前就把自己累垮。询问学生:你从这个故事中得到了什么启发?然后,教师带领学生向山田本一学习,首先设定职业发展目标,然后将大目标分解成小目标,一个一个地实现。通过每天学习不同的经验,提高自己的技能,他们将能够积累数量,当所有的小目标都实现后,他们将能够实现质的飞跃,实现自己的职业目标。

六、灵活运用高中思想政治课的教学方法

灵活运用不同的方法进行中学思想政治课教学,有助于学生将书本知识与现实生活相结合,有助于更好地理解思想政治课的内容,也有助于提高学生的经验和职业规划。

(一)运用情境教学法,模拟职业情境

情境教学是通过创设与课本内容相关的情境,用生动形象的方式吸引学生的注意力,提高学生学习兴趣的一种教学方法,是中学思想政治课教学中日常常用的教学方法。这也是中学政治日常教学中常见的一种教学方法。将情境教学应用于职业规划教育的主题,让学生在学习高中阶段的思想政治课程时,通过模拟不同的职业情境,探索未来的职业世界,搜

集职业信息,积累职业经验,培养职业规划能力。

作为"经济生活"第二单元"新时代劳动者"的一部分,为学生和教师组织一次劳动力市场模拟。

1. 为面试做准备

部分学生被选为求职者,填写简历;其他学生进行辅助活动(如布置招聘会场地等),并在一旁观察;教师向学生讲解如何制作简历和各种面试技巧;学校教师和校外公司的人力资源经理被邀请担任招聘人员。

2. 实施过程

候选人首先填写一份申请表,然后参加面试:候选人自我介绍不到2分钟,招聘人员根据申请表的内容提问,并与候选人接触不到8分钟;招聘人员评估候选人的表现,选择3个最佳候选人,并颁发聘用书。

3. 点评

招聘人员对每个候选人的申请过程中的优势和劣势进行了评论,并向学生传授了其他求职技巧。

(二)运用案例教学法,选取生涯榜样

职业规划教育通常采用基于案例研究的教学方法。通过在职业规划教育中加入许多案例研究,枯燥的理论培训可以变得生动有趣。选择的职业模式可以是军人、优秀教师、劳动模范、公务员、人大代表、法官等。通过讲授职业规划理论,启发学生独立思考,分析职业模式的发展历史,并学习他们的工作态度、工作精神和处理问题的方法。

作为发展前景课程的生活哲学课程的一部分,你可以把扎克伯格创建Facebook的故事作为学习的起点,它是新时代年轻人创业的标杆。了解扎克伯格如何将他的爱好变成了生意,以及他如何将Facebook变成世界上最大的门户网站。教授导读:当扎克伯格还是哈佛大学的一名本科生时,他访问了选美网站,人们认为他没有做好自己的工作,但他不知道,他已经注意到公众对在线约会服务的需求。我们应该向扎克伯格学习,把自己的兴趣和职业理想结合起来,从成长的角度来看待自己的兴趣,相信未来是美好的,也要看到成长道路上的困难和挑战,调整自己的思维,制订职业发展计划。

对于尚未开始工作的学生来说,现实生活中的例子可以起到很好的教育作用。学校可以邀请在各自领域表现出色的家长和校友与学生分享他们的职业经历,展示他们如何选择职业,工作的性质和描述,以及他们如何努力工作以获得职业上的成功。学生了解职业类型、职业前景、从事某项职业所需的不同要求以及就业情况。通过学习家长和校友的成功经验,学生将能够确定自己的职业目标,发展自己的技能,规划自己的未来职业,为职业发展做好充分准备。

在大学放假期间,邀请曾在重点大学学习的优秀校友回校,与大一、大二学生交流学习经验,介绍大学的专业环境等。这样,学生就可以选择具体的高职课程,在榜样的指导下确定自己的目标,做好学习计划,减少选科和填报志愿的盲目性。

(三)运用实践活动法,增强生涯体验

在进一步推动课程改革的过程中,综合实践活动已成为小学阶段的必修课,更开放的第二课堂也越来越受到重视。中学生职业规划教育的发展也与各种实践活动有着密不可分的关系。学校应明智地利用各种社区资源,并将学生带出校园,将他们与社区联系起来。学校应合理利用各种社区资源,让学生走出校门、走进社区。要利用各种节假日给学生布置实践任务，让学生在工作体验后写出真实的实践报告，从而提高学生的综合研究能力，为做好职业规划工作打下基础。

　　学校与社会紧密相连，公司、政府和其他公共组织对学生的职业教育负责，不仅参观工作场所，还提供工作实习，一些公司甚至允许员工带着孩子来工作，给学生提供了大量获得工作经验的机会。然而，在中国应试教育的背景下，学校和社会都只重视学生的文化课成绩，学生获得职业经验的机会非常少。学校应整合社会各方面的力量，采取各种实际行动，改善学生的职业体验。例如，在中学的日常思想政治课教学中，在保证学生安全的前提下，联系有关部门，带学生到企业参观，让学生分析企业管理的现状，在获得信息的基础上提高对职业的认识。例如，在"经济生活"中，为了提高学生对工作世界的认识，开阔他们的视野，组织学生参观当地的知名企业，让学生学习和了解公司的运作和员工的工作条件，加深他们对所学知识的理解。

　　例如，在青岛X中学，学校可以利用当地资源，为青岛海尔工业园的学生组织社会实践活动。实习地点多达12个，包括海尔文化市场、海尔中心大楼的样品室、信息园的海尔立体仓库、海尔彩电生产线、海尔专用冰箱生产线、海尔开发区物流中心和海尔大学。活动前，全班同学被分成几个小组，并给他们布置了写调查问卷、实践报告和活动提示的任务。实践过程：首先，他们观看了一段视频，了解了海尔集团的文化；其次，他们在相关工作人员的带领下参观了海尔文化市场和科技馆，听取了对海尔集团历史和全球化道路的介绍，从而加深了对海尔集团的了解；再次，他们参观了海尔中心的样品室和部分生产线；最后，他们参观了海尔大学。活动结束后，学生们有机会展示自己的活动成果，并在课堂上主持讲座和讨论活动，以提高学生对公司、职业和公司对员工的要求的认识，并培养学生的思维能力、表达能力和与人沟通的能力，使学生通过积极参与和体验活动，实现自我教育和职业发展目标。

社区是学生日常生活活动的重要场所，也是他们获得职业经验的重要场所。重要的是，要让社区发挥充分的教育作用。例如，在教授"我国公民的政治参与"中，鼓励学生参与社区治理，为社区管理做出贡献，为公民生活提供服务，以培养更好的社会交往、分析思维和组织管理能力。这一实践提高了学生的社会意识和公民责任感，以及参与政治生活的能力，从而加深了他们对社会的理解。

第二节 渗透实践

在教学渗透策略的基础上结合中学生物教材的章节特点，在生物课上采用不同层次的渗透策略，并对中学职业生涯规划教育的现状进行研究，即从生物教材中选取教学内容，撰写一些中学生物教学中渗透职业生涯规划教育的实践案例，为生物教师在课堂上渗透职业生涯规划教育提供一些新思路。其目的是为生物教师提供关于课堂上职业规划教育的新思路和思考。

一、职业认知层面的渗透

职业意识是对职业的最初认知，社会上与生物学相关的职业很少。生物学教师通过在生物课上介绍正确的技能,可以引导学生走职业道路,使他们对大学专业和生物相关职业有一个总体的了解[①]。

(一)生命活动的主要承担者——蛋白质

教师介绍"三鹿奶粉事件",使学生了解检验员工作的重要性,并渗透到与生物相关的职业——质检员,使学生对该职业有了初步了解,并逐渐产生兴趣。教师还可以根据蛋白质的功能,向学生介绍其他与生物有关的职业,如营养师。通过教师的讲解和与学生的讨论,学生们不仅学到了基本的生物学知识,还渗透了职业信息,使他们明白要想从事某一生物学专业,不仅需要扎实的基础知识,还要了解工作环境和职业工作条件。

(二)伴性遗传

在学习过程中,展示红绿和绿绿低视力测试的图片,要求学生检查自己的红绿和绿绿低视力情况,以激发他们的学习兴趣。解释说,红绿色盲患者总是与性别有关,作为想生正常孩子的患者,他们必须到医院进行产前咨询,这导致了遗传咨询行业的渗透,使学生对这个行业有了初步的了解。本节介绍了成为一名遗传咨询师所需的条件,并通过讲授基本知识,用相关实例介绍了遗传咨询师的工作条件。

(三)细胞的癌变

学生可以利用多媒体材料学习这部分内容,使他们了解到癌症是非常普遍的,并引起他们的关注。通过分析癌症的原

[①] 王纲.高校思想政治教育评价视域下第二课堂的学生行为研究[D].成都:电子科技大学,2021:23.

因来解释本单元的内容,学生将能够讨论和回答与日常生活有关的癌症预防问题。通过这种方式,教师可以介绍卫生保健经理的职业,最后通过不同的数字信息资源,如互联网、视频和图片,向学生介绍这个职业,让学生对这个职业的工作方式有一个简单的了解。

接触工作条件、工作环境和职业前景可能还不够,但这将增加学生的学习动力,提高他们的职业意识,拓宽他们的职业选择,为下一步的职业认同铺平道路。

二、职业认同层面的渗透

职业认同是指学生对于生物学有关的职业的认同。通过全面的课程,与生物有关的职业被整合到整个生物课中,这有助于学生在选择与生物有关的职业时进行导航,并对该职业产生认同。以下是具体的实践案例(表7-1)。

表7-1 教学概念:杂交育种和诱变作用

交接阶段	教师活动	学生活动	设计意图
一、图片引出职业	展示袁隆平在稻田里观看水稻的照片,请学生说出他是谁,他的突出贡献是什么。不难看出,这就是著名的袁隆平,杂交水稻之父。问:生产杂交水稻需要什么?这引入了一个新的课程	看看图片,激发学习兴趣,进入节奏	通过观看图片,学生将对种植者有一个初步的了解

续表

交接阶段	教师活动	学生活动	设计意图
二、教授基本知识	(1)杂交育种： 高(D)和短(D)，我们选择的特征。 抗倒伏的矮生品种当然要选择抗锈的品种，对锈病的敏感性。然而，需要做什么来结合这两种品质？给出父母的基因型，要求学生获得子代的基因型、遗传型和表现型，并记录在他们的草图上。分组讨论，邀请两名学生演示推导过程，并询问每个小组是否有任何问题或疑虑。总结穿越的概念、原则、优势和劣势。 (2)通过诱变进行繁殖新基因是由突变引起的，记住突变因素。理解诱变性繁殖的概念和原理。总结其优点。 (3)显示诱变繁殖结果的图表。 描述诱变育种的应用，包括作物新品种的培育和微生物育种。 引导学生对课本中介绍的诱变选择的优点和局限性进行思考和讨论	独立学习、独立投入、反思与回应、总结交叉概念、原则、优势、劣势和应用	使学生认识到生物知识在生产实践中发挥着重要作用。用于生产实践中

续表

交接阶段	教师活动	学生活动	设计意图
三、学习专业角色	问学生：如果你要申请畜牧业者的工作，作为候选人和被招聘者，你需要了解畜牧业者的哪些情况？（现场角色扮演）	角色扮演和职业体验	通过角色扮演，教师帮助学生理解生物知识与生产实践的关系。 照料者在工作场所的作用是很重要的。你也了解农民工作的不同方面
四、实现职业认同	展示袁隆平杂交育种成功的视频。解释一下饲养员的工作环境是怎样的，需要什么样的意志品质，学术要求是什么，需要什么样的素质	观看视频，了解更多关于畜牧业者的工作环境	培养学生的专业意识，实现专业认同

在这个案例中，教师通过展示袁隆平的图片来介绍动物饲养员的工作内容和工作环境，讲解杂交育种和诱变育种的基本知识，让学生了解作为动物饲养员需要的基本生物学知识，并创设具体情境，让学生体验动物饲养员的工作过程。案例的最后是一段关于杂交水稻生产者袁隆平的简短视频，让学生更好地了解工作内容、工作的重要性、杂交育种在不同领域的应用以及育种者的职业前景，从而让学生意识到自己的职业身份。

三、职业理想层面的渗透

为了实现职业理想，生物教师需要在课堂上继续向学生介绍和熟悉从事生物相关职业的人的情况,探索职业就业机会,让学生体会到职业的社会责任,从而确定自己的职业目标。具体的教学实践已经制定如下。

介绍护林员的专业角色:教师可以利用多媒体展示森林火灾的视频资料,并解释如果要防止此类火灾再次发生,就需要一支由专业技术人员组成的团队,定期到重要林区检查可能的森林资源火灾。这种专业技术人员实际上是林业工程师。

学生了解什么是群落演替,以及在教师的讲解中,群落演替包括哪些阶段和类型。

通过实例介绍职业内容:教师可以通过实例向学生解释课程内容,解释护林员的主要任务,使学生对生物相关职业产生浓厚的兴趣。

微视频演示,职业目标设定:随后教师播放视频《最美的青春》,该视频追溯了塞罕坝林场几代人的奋斗史,讲述了20世纪60年代是世界上最美丽的时代。20世纪90年代初,中国18所省份林业院校的毕业生与承德围场的林业干部职工一起开荒造林,带领当地群众引进机械造林,经过50多年的努力,植树造林,创造了世界上最大的人工林。源源不断的风、沙、水造就了绿色生态屏障,京津冀的蓝天守护着林业人的敬业与奉献。

规划目标:学生了解护林员的社会价值,达到职业理想的效果。

介绍"健康管理师"的角色:"健康管理师"是一个新的职业,许多人对此感兴趣。假设学生是一个"健康管理师",这个角色可以让学生思考现实生活中的问题,这不仅可以提高学生的兴趣和学习,还可以增进对这个行业的了解,为今后的职业选择提供参考。

设置一个介绍职业的情境，引入新课："随着人们生活水平的提高，越来越多的人开始肥胖，同学们知道肥胖会引起哪些疾病吗？""健康生活是每个人的愿望，有没有一种职业可以帮助人们过上健康的生活？""如果你是一名保健管理者，你如何为肥胖者制定科学的减重方案？"上述问题将学生带入"健康管理师"的角度，然后他们思考和讨论上述问题，以引入新课，提高他们的学习兴趣。

获取糖类和脂类相关知识的储备：模拟医疗管理者的工作内容并分析其需要的专业性引入和解决问题的探索："如果你是一名医疗管理者，你如何为肥胖的病人制定科学的减肥方案？"学生们分组讨论，制定自己的解决方案，并相互补充，从而了解医疗保健经理的职业内容。

专业角度分析：相关数据显示，我国健康问题患者总数已超过75%，与之密切相关的各种慢性病的营养代谢紊乱占总死亡率的80%，人们对健康的要求已从传统的、单向的医疗转变为疾病预防和保健。这使得医疗保健经理的职业成为未来10年中最受欢迎的职业之一。

展示微视频，树立职业理想：展示医疗卫生管理人员的微视频，体现其社会价值，让学生树立职业理想。

在上述案例中，以视频演示为引子，介绍与生物学相关的职业，以社会人物的事实为例介绍职业内容，解释作为职业理论基础的知识内容，最后播放反映职业的社会责任和社会价值的微视频，让学生产生情感，从而明确自己的职业志向。这将使学生能够发展他们的职业抱负。因此，教育的价值得以实现。

第三节　实践效果检验

一、检测内容

（一）高中生对相关生物学职业了解度问卷

结合对生物学职业的认识和理解以及对相关文献的回顾，开发了面向中学生的生物学职业认知问卷。利用归因原则，为每个问卷项目确定了5个回答选项，归因原则为：A项5分，B项4分，C项3分，D项2分，E项1分。在实习前后对学生进行了调查，并分析了实习前后学生对生物学职业认知的变化。

（二）学生的访谈提纲

为了了解职业规划教育开展后学生的学习兴趣、职业意识和职业规划的变化，我们制订了访谈计划，从实践班中随机抽取3名学生进行访谈，并进行录音。

（三）学生的生物成绩

以六盘水中学学生第一个月的生物考试作为实习前的测试，以期末考试作为实习后的测试，以实习前后学生的生物考试成绩为指标，分析在普通中学的生物教学中加入职业教育是否激发了学生的学习热情，从而作为对学生生物学习影响的代表。

二、数据的统计分析

利用SPSS软件，分析实验班在实践教学前后的生物成绩和职业意识是否取得明显变化,根据访谈结果,观察实践后学生的学习兴趣是否提高,并分析在中学生物教学中引入职业规划教育的可行性和有效性。

(一)生物学成绩前后测变化情况

使用SPSS统计软件进行的配对样本t检验结果显示,安置后学生的生物课平均期末成绩明显高于安置前的月考成绩。同时,t检验结果显示,实习前和实习后的生物成绩均为$P=0.022<0.05$,因此有显著差异,说明在中学生物课程中加入职业规划教育可以提高学生的学习兴趣,从而提高生物成绩。为了避免本测试中的随机性,生物成绩测试只作为一种实践为了避免本测试中的随机性,生物成绩测试只作为评估测试效果的依据,不能从中得出实际结论。学生是否对学习感兴趣,将在实践后使用以下"生物学职业认知问卷"和"学生访谈计划"来确定。

(二)职业了解度问卷前后测变化情况

实习前后测量的生物学相关专业知识问卷的前三个问题的变化情况如下。

分班后测得的学生对专业、职业和学业要求的认识均值高于分班前,且P小于0.05,说明分班前后学生对前三项指标的认识以及学生对专业的认识存在显著差异。与实习前相比,大学里确定的职业和相关专业有了明显的改善,这说明在中学生物教学中加入职业规划教育达到了预期的说教效果,激发了学生的学习热情。这表明,在中学生物教学中融入职业规划教育,达到了预期的说教效果,激发了学生的学习积极性。

分班后测得的学生对专业、职业和学业要求的认识均值高于分班前,且 P 小于 0.05,说明分班前后学生对前三项指标的认识以及学生对专业的认识存在显著差异。与实习前相比,大学里确定的职业和相关专业有了明显的改善,这说明在中学生物教学中加入职业规划教育达到了预期的说教效果,激发了学生的学习热情。这表明,在中学生物教学中融入职业规划教育,达到了预期的说教效果,激发了学生的学习积极性。

(三)对学生的采访记录

为了进一步检验课堂教学的效果,了解引入职业教育后学生的学习兴趣和职业意识是否有所提高,我们制订了访谈计划,选取了 3 名学生在课堂上进行访谈,并进行了录音。访谈的结果如下。

学生 A 问道:"你喜欢生物学吗?"

答:"我非常喜欢,我在生物课上学到了很多与生物有关的职业,我觉得非常有趣,现在这种课堂形式我很喜欢。"

问题:"你对与生物学有关的职业有了解吗?"

答:"我知道他们中的一些人,如医生、质量检查员、畜牧业者、护林员等。"

问题:"你印象最深的生物相关职业是什么?"

答:"我印象最深的是护林员,以及护林员在学习社区继承和了解危害对自然环境影响方面的巨大责任。"

问题:"在生物课中引入职业规划教育,对你来说最大的好处是什么?"

答:"将职业教育纳入生物课,让我了解到哪些工作与生物学有关,并清楚了解这些工作的内容和所需的基本知识。"

问题:"你有职业规划吗?"

答:"我有计划,现在我对生物相关专业有了更深的了解,我梦想将来成为一名工程师。"

问题："你对在生物教学中引入职业教育有什么建议吗？"

答："职业规划教育也可以接受其他学科的指导。"

学生B问道："你喜欢生物学吗？"

答："我认为生物学在GCSE中更容易，更容易评估。"

问题："你对与生物学有关的职业有了解吗？"

答："现在我知道很多职业，比如医生、科学家、饲养员等。"

问题："你印象最深的生物相关职业是什么？"

答："在学习了杂交和诱变的知识后，我觉得我对水稻栽培这一职业有了更好的理解。"

问题："在生物课中引入职业规划教育，对你来说最大的好处是什么？"

答："以前，我很迷茫，只知道学习，根本没想过将来要从事什么职业，但生物课上的介绍让我有了想法。"

问题："你有职业规划吗？"

答："我只是在考虑将来成为一名医生，我没有考虑做什么。"

问题："你对在生物教学中引入职业教育有什么建议吗？"

答："我希望能更好地了解这个职业，并希望能到现场去看看环境和工作条件。"

学生C问道："你喜欢生物学吗？"

答："我不能说我喜欢它。"

问题："你对与生物学有关的职业有了解吗？"

答："我现在知道的比以前多一些，比如科学家、医生、遗传咨询师、质量控制专家等。"

问题:"你印象最深的生物相关职业是什么?"

答:"生物老师,我每天都会接触到生物老师,他们最让我吃惊。"

问题:"在生物课中引入职业规划教育,对你来说最大的好处是什么?"

答:"以前,我不了解我的兴趣,我不确定我的兴趣是什么。现在,生物老师在生物课上讲解和介绍相关专业后,我更喜欢一些专业,也更有兴趣学习这部分内容。"

问题:"你有职业规划吗?"

答:"现在我已经在计划我的职业生涯了。"

问题:"你对在生物教学中引入职业教育有什么建议吗?"

答:"我希望能参观更多的工厂和车间,看看这些职业每天的工作环境和条件。"

三、实践效果分析

对上述结果的分析表明,在实践环节的生物教学中加入职业生涯规划教育后,学生在生物课上的实习前和实习后的分数有显著差异,实习后的生物课分数的平均值高于实习前的生物课分数的平均值。实践前后学生对各种职业信息指标的了解程度的提高,结合实践后学生的访谈记录,说明学生对生物相关职业的认识在不断提高,愿意在课堂上和老师一起探讨生物相关职业,并在未来选择生物相关职业。实习提高了学生对学习生物学的兴趣,也增加了他们的生物学知识和对职业规划的理解,使他们能够为自己的未来职业做出简单的规划[1]。

---

[1] 陈菲菲.把握课程内涵,探索课堂变革[M].昆明:云南大学出版社,2021:10.

第四节　高中学科教学的渗透建议

六盘水中学职业规划教育现状调查结果显示,六盘水中学对职业规划教育的重视程度较低。为了有效地将职业规划教育纳入生物学教学,提出以下建议。

一、生物学教师方面

对生物教师的主要建议是:①生物教师应积极进行职业认知。作为将职业规划教育融入生物课的引导者,他们应在日常生活中积极关注职业规划内容,收集职业规划教育的经验,在课堂上有效吸引和引导学生[1]。②生物教师应充分利用教材资源。组织生物学教科书中的职业内容,在职业知识、职业认同和职业愿望的不同层次上选择职业渗透的程度来描述职业指导内容的特点。选择合理适当的方式,通过课堂教学进入职业生涯。在职业渗透模式中,结合生物教材的知识内容,可以选择角色扮演、情境教学、实验探索等不同方式,让学生对相关职业有更深入的了解,激发学生的学习兴趣。走出教室,走进田野。生物学教师可以积极开展课外学习活动,让学生接触到生物相关专业的技能和工作环境。学生应积极与教师合作。学生应积极参加生物教师作为核心科目开展的学习活动,以便更好地整合专业知识和职业规划课程。

---

[1]黄瑞宇.新时代高校学生工作的创新研究与实践探索[M].北京:中国政法大学出版社,2020:36.

二、对学校而言

学校的主要内容有:①课程准备。由于我国尚未制定统一的学校职业规划课程,因此,应由各级地方政府结合当地要求和自身优势,编制适合自身发展的职业规划课程。②在学校建立职业规划教育单位。负责职业规划教育的单位负责学校的职业规划工作,学校职业规划教育的管理制度正在完善。③培训专门从事职业规划的教师。专门从事职业监管的教师是实施职业规划教育的关键。职业规划教师既可以是学科教师,也可以是专家,学校不仅要为职业教师提供定期培训,也要为生物教师提供培训,使他们掌握职业规划教育的技能和知识。④与校外企业发展伙伴关系。无论是将职业规划教育纳入学校科目,还是开发职业规划课程,都需要通过校外企业来实践,为学校提供实践基地,让学生接触不同类型的社会职业。

三、教育主管部门

教育主管部门的关键点是:①财政支持。作为地方教育主管部门,他们必须为学校提供财政支持,因为学校必须花费大量的人力、物力和财力来积极开展职业规划教育。如果没有地方政府的财政支持,学校的职业规划教育将无法付诸实施。②落实相关政策。地方政府应出台相应政策,监督学校职业规划教育的发展,并出台相应政策,促进学校职业规划教育的实施。

第五节　高中生职业规划与学科融合教学的改进建议

下面以重庆某中学在新高考背景下的生物教学为例,讨论对中学生进行职业规划和学科整合教学的改进建议。

一、社会层面

(一)改善职业教育的整体结构

中学生的职业规划教育应延伸到国家发展,有关部门应制定相应的政策和实施措施,以满足中学生和社会发展的需要。目前,澳大利亚和美国等发达国家已经建立了符合这些国家需求的职业教育体系。在中学阶段发展职业教育,中国可以利用这些发达国家在职业教育方面的成功经验,通过多媒体广告等手段,逐步改变社会、学校和家长只注重学生学业成绩和升学水平的传统观念。

(二)挖掘生物教学素材,完善学生职业认知

教科书是最主要和最重要的教学工具,教师可以充分利用教科书,通过适当整合职业规划和生物教学的教学方法,创造性地进行教学[1]。教科书可以在具体章节中介绍职业信息,如不同的生物相关职业所需的技能、工作环境、职业前景、著名生物学家的故事等。这种职业规划教育与生物教育的结合,使学生能够更积极地学习,并意识到这些内容在社会和生活中的实际应用,从而提高他们的生物背景和技能,逐步培养他

---

[1] 刘奕.5G网络技术对提升4G网络性能的研究[J].数码世界,2020(4):24.

们的职业意识和职业理想。

(三)增设生物职业校本课程与教材

今天,人们越来越关注中学生的职业规划,这方面的研究也越来越多,但大多数研究都没有特定的学科课程。随着高考新政策的出台,在中学生物学中开发职业规划的学校课程非常重要。例如,生物学职业的学校手册的内容是:第一章,了解职业规划;第二章,了解生物学和自我发现;第三章,进入大学和了解生物学专业;第四章,进入职业生涯和了解生物学专业;等等。

(四)教育主管部门统筹,为学生提供更多职业体验机会

教育部需要建立一个强有力的治理体系,以有效管理和组织学生的实践活动。教学过程中强调学生参与社会实践,并确保其大规模实施。教师可以通过参观生物实验室、科技中心等,让学生初步了解和理解特定社会职业所需的知识和技能、特点和需求。实习机会也可以以社区为基础,学生在获得工作经验的同时培养责任感、实践技能和职业兴趣。这些实践活动是巩固书本知识的有效途径,同时也帮助学生了解自己的兴趣,了解不同的社会职业,加强他们的沟通和表达能力。在这个过程中,学生们将逐渐选择适合自己的职业道路,为他们未来的职业选择和发展奠定基础。

二、学校层面

学校应注重提高学生的职业选择意识和规划能力,充分利用各种资源对学生进行职业教育,如适当的职业指导网站、职业研讨会和知名成功人士的讲座。

(一)改变职业教育的概念

教师的专业精神和教学理念是在教学过程中逐步形成的,并与其行为直接相关。然而,由于继续教育的压力,大多数生物教师把所有的时间和精力都用在提高学生的成绩上,而不注意发展和培养学生各方面的知识和技能。为了有效地对学生实施职业生涯规划教育,生物教师首先要改变"一切为了成绩"的态度,尊重学生的个性,采用不同的方式培养学生的职业生涯规划意识和技能;然后加强理论知识的学习,积极收集可用于职业教育的材料,适当运用角色扮演、实践和情境学习等方式。那么,我们就需要巩固理论知识,积极收集可用于职业教育的材料,采用不同的教学方法,如角色扮演、实践、情境营造等,将生物知识与职业规划教育的内容相结合。

(二)加强校际交流,使教师获得管理职业教育的实际经验

学校通过职业规划教育的理论培训活动,通过与开展职业教育的先锋生物教师的接触,加强校际交流,分享成功的教学经验,从而提高生物教师对职业教育理念和运作的认识,增强他们开展职业教育的信心和效果。

(三)加强教师培训,建立一支专业的教师职业队伍

许多相关的教育家和研究者都描述了教师在职业教育中的情况,作者研究了相关文献,对其进行了总结,并概述了这种矛盾和解决措施。就目前情况而言,中国大部分高中甚至高校都没有专业的师资队伍,高校专业干部也没有进行职业规划教育,因此无法为各高中和社会提供专业稳定的师资渠道。因此,在大学设立相关专业或在职业教育培训的教师教

育课程中加入相关科目，使以后走上岗位的一线教师有意识、有能力从事职业生涯教育，并能吸引专业化的人才加入，是使中国综合中学的职业生涯教育充分有效的途径。另外，教育部应确保中学的职业教育有必要的资金投入，并确保教育过程有条不紊地进行。

（四）以新高考改革为契机，通过"导师制"促进职业教育的发展

笔者通过对重庆市3所普通中学现状的调查分析发现，重庆市普通中学对学生的职业教育重视程度不够。原因如下：

首先，现阶段普通中学没有专门负责学生职业规划的教师，这必然导致对学生职业规划的指导不足。

其次，没有建立职业指导教育体系，教师工资和基本学位评选指标没有与职业规划教育挂钩，学生学业水平考试和大学选拔等机制没有与学生职业规划意识和能力挂钩。这间接导致了社会、学校、家长和学生对职业规划教育的忽视。

最后，教师本身缺乏足够的职业教育理论和实践能力，会出现"有心无力"的现象。

在这种情况下，除了改善教育部门的相关制度外，辅导系统还可以发挥有效作用。除了学生的成绩，导师们还将关注每个学生在生活、情感、心理等各方面的动态发展，与家长和学生的愿望合作，共同培养学生的职业意识，逐步塑造学生的职业理想。

例如，近年来，在北京市十一中学，旧的班主任制度已被导师制度所取代，确保每个学生都有一个负责他或她的导师，并对他或她所照顾的学生的各方面发展负责。这项措施得到了学生和家长以及公众和个别学校的支持。虽然现阶段在重

庆全面推行导师制并不现实,但可以尝试以最初的班主任制度为主导,以导师制为补充的逐步推进的方式。

三、生物教师方面

(一)教学原则

1. 主要关注课程内容,辅以职业意识

职业教育应以学科内容为基础,不打乱正常的学校时间表,应将适合课堂印刷的职业内容融入学科内容,以增加学生对使用生物知识解决问题的理解。

2. 职业内容适切于教学内容

职业教育与生物教学有不同的特点,所以在生物教学中不要采取死板的职业教育方式,而是要把职业信息巧妙地融入课堂教学中。

3. 教学连贯性

将职业意识纳入学科教学是一项系统工程。为了让学生获得更真实、更全面的职业体验,有必要在整个高中阶段强调各知识模块的浸润,让学生了解不同知识模块所对应的职业特点,并在一、二、三年级根据不同的学习目标嵌入不同的职业意识,以确保职业浸润活动具有实际意义。

(二)教学方法和手段

1. 学习的重点是与生活的联系和对专业兴趣的追求

职业兴趣是对某一特定职业活动的相对稳定和持久的心理倾向,并伴有强烈的情绪状态。它是职业选择的前提和基础,是做某项工作的内在动力,对个人的职业生涯有持久的影响。

生物学的实践性、整体性和生活性，要求学生对生物学的学习不局限于课本知识，而是与学生所处的社会环境相联系，加强生物知识与社会实践的联系，使学生认识到在社会生活中有效运用生物知识和技能。将职业教育融入生物教学，需要生物教师主动搜集与生物相关的社会职业信息，促进学生对生物相关职业的内容、价值和专业要求的了解，以加深学生对职业规划的理解，提高学生对生物学科和职业规划的兴趣，从而鼓励学生及早规划自己的职业发展。

2.利用生物人物教学，帮助学生认识自我

介绍知名的生物科学家、他们的成就和与生物学历史有关的故事，可以帮助学生形成准确的、科学的观点和自信，更好地确定自己的职业理想并付诸实践。

充分利用教材中的职业教育部分。

从其他学科和生活中收集材料。

在当今社会，除了学校，学生主要是接触互联网和多媒体，我们不能认为互联网是有害和"误导"的东西。

例如，新冠肺炎的暴发引发了一场关于在线学习必要性的全国性辩论，许多学生对在线学习表示不满。在这个充满火药味的时代，有必要花大量的时间和精力在一个没有人熟悉的在线课程上吗？面对这样的舆论，许多学生、家长甚至教师都不得不挑起负面情绪。当然，每个人都有表达自己意见的权利和自由，而且往往每个意见都有自己的合理性和存在价值，但这个世界上没有人可以对自己的未来负责。所以在这个阶段，我们作为教育机构或一线工作者，想象今天没有互联网，没有在线课程，我们都不知道这种流行病何时结束、何时恢复课程，我们可能如何度过这样一个时期。这就是为什么在线教学现在已经成为最重要的学习形式之一。

该计划还设有特邀演讲人，主要是来自不同行业的成功人士，他们分享自己的困难经历以及如何克服困难，这可以帮助学生培养社会责任感以及对不同专业和职业的认识。

四、家庭与学生

父母是孩子的第一任老师，也是最了解孩子个性、兴趣和特长的人。父母对孩子的成长和教育有着潜移默化的影响。家长对社会职业有更深的了解和认识，应该成为中学生职业规划教育的重要领导者。

家长需要改变他们对职业规划教育的看法和态度，在这个阶段将学生的未来职业与他们孩子的学习和选择联系起来。激励你的孩子使用互联网和多媒体来了解不同的职业，并寻找机会让学生参观科学和技术博物馆、职业体验中心和研究所等地方。

在生物课上，帮助学生进行自我评估，与同学和老师一起进行自我评价，使他们清楚地知道自己在各方面的优势和潜力。

根据学生对自己、自己的职业和其他问题的看法，不断调整学生的职业计划，使其更加切合实际。

学生可以通过参加与生物学有关的实践活动，通过社区志愿服务、参观生物研究所和农场，逐步熟悉不同职业在知识与技能、学历与素养、职业发展需求与前景、工作内容与类型等方面的要求，加强对社会的适应性，并通过体验，培养良好的自尊心和适当的职业理想，这也是学生职业规划教育的初衷和目的。

第八章 高中生职业规划指导与思想政治课融合教学研究

第一节 生涯规划教育融入高中思想政治课教学的必要性和可能性

本节主要讨论职业规划与思想政治教学的结合,分两个主题:中学职业规划教育和中学思想政治教学,以下均简称为"职业规划教育"和"思想政治教学"。虽然职业规划教育的内容和思想政治教育的内容看起来非常不同,但它们也是相互关联的。职业生涯规划教育与思想政治教育在指导思想、教育目标、课程内容、教育功能等方面有着千丝万缕的联系,为职业生涯规划教育融入思想政治教育提供了机会[①]。为适应时代发展的需要,将职业生涯规划教育融入思想政治教学,积极响应国家号召,坚持遵循学生发展规律,顺应学生发展需要,适应高考新改革,为学生提供目标和动力,提高课堂效率和思想政治教学水平。

[①] 宇建勋.跨学科教学在高中思政课中的运用研究[D].昆明:云南师范大学,2021:15–21.

一、生涯规划教育融入思想政治课教学的必要性

将职业生涯规划教育融入学科教学,既是时代的需要,也是时代的趋势,将职业生涯规划教育融入思想政治课教学,是对国家顺应学生发展规律、适应高考改革新形势号召的积极响应,也有利于为思想政治课提供学习目标和动力,提高教学水平。

(一)响应国家号召,遵循学生发展规律

2019年3月18日,中共中央总书记、国家主席、中央军委主席习近平主持召开学校思想政治理论课教师座谈会,强调要把思想品德课与社会大课统一起来,引导学生树立远大志向,积极奋斗,播撒真理的种子。培养学生心中的真善美,引导学生完成人生的第一粒扣子,将职业规划教育融入思想政治课教学,积极响应国家号召,培养有理想、有担当的社会主义接班人和建设者。在这个阶段,对中学生进行职业规划教育尤为重要,要提高他们对职业规划的认识,引导他们树立正确的价值观。在现阶段的人生定位中,将职业规划教育融入思想政治课,是对国家号召的积极响应,是对习近平总书记足迹的追随。在思想政治课教学中融入职业生涯规划教育,是遵循学生成长发展规律,适应时代和学生发展需要,在教学过程中提高学生的职业生涯规划意识,引导学生树立人生目标,调动学生学习积极性,鼓励学生学习思想政治等学科。

(二)适应新高考改革时代背景的需要

新的大学入学考试改革有了一个良好的开端,教师、家长和学生都给予了积极的反馈。新的高考改革在一定程度上提高了学生的选择自主权,他们现在可以根据自己的兴趣和特

长选择科目。新的高考改革还意味着,学生必须早在中学最后一年就考虑他们未来的生活计划和学习,他们必须着眼于未来考虑他们目前的选择。教师必须让学生明白,他们选择的科目组合不仅会影响他们的考试成绩和分数,还会影响他们对大学专业和人生事业的选择,我们必须开阔他们的视野,用长远的眼光来培养他们的思维。为了发展中学生的技能,他们需要学会从整体角度看待问题。为了顺应学生的发展,在新高考改革的背景下,迫切需要将职业规划教育纳入中学思想品德课和思想政治课。将职业生涯规划教育融入中学思想政治教学,为课堂注入新鲜血液,引导学生在学习和应用过程中,提高理论联系实际的能力,将中学思想政治课所学的哲学方法进一步运用到日常生活中,培养学生良好的思维习惯。在中学思想政治课教学中融入职业生涯规划教育,在锻炼学生理论联系实际能力的同时,有助于学生明智地选择课题,指导学生进行思想政治课的评价,提高学生对课堂教学的可及性的认识,适应新高考改革的需要。

(三)提高思想政治课堂的教学水平

从学科的理论性来看,"经济生活"要求学生能够理解和掌握"经济生活"中的经济理论、"政治生活"中的思想路线理论、"文化生活"中的文化忠诚理论和"哲学与生活"中的哲学思想理论。它的实用性意味着理论来自生活,并被用来指导生活。中学最后一年的思想政治课的知识内容与我们的生活密切相关,理论知识往往渗透和应用于生活的各个领域,教我们分析当前甚至未来的经济发展,了解经济现状,了解我们要履行哪些义务、拥有哪些权利。尊重规则和法律,学会欣赏文化,感受文化的力量并为之折服,用联系、发展、矛盾的思想来培养学生的哲学思维,引导学生从两个角度看问题,把思想政治课上学到的东西运用到现实生活中去。将职业规划的教育理论融入中学政治,可以通过生活中具体职业角色的具体例子来完成。更丰富、更真实的教材有助于教师以更生动、更形象的方式解释理论,使学生更好地理解理论,使学生感到中学政治是一门理论在实践中产生和应用的课程,使学生的学习兴趣通过生活和时事新闻中的生动事例得到激发。用生动的教材丰富教学内容,用生动具体的案例赋予枯燥的理论以生命,丰富了思想政治课的教学内容,为思想政治课提供了精彩的教学素材,使教学内容更加直观、形象,增加了课堂学习的兴趣,提高了思想政治课教师的教学水平,提高了学生学习思想政治课的积极性。

(四)帮助学生设定学习目标以激励他们

思想政治课本身就是一门具有灵魂和思想的学科。在中学最后一年的思想政治课中融入职业生涯规划教育,有助于培养学生的思想和信念,激发他们对未来学习和职业规划的思考,让他们意识到自己的担忧,引导他们树立学习目标,不断挖掘自身潜力,激发学习动力。将职业生涯规划教育纳入中学思想政治课程,能极大地提高学生的学习积极性,不断补充学生的学习能量,促使他们树立远大的梦想;有梦想就有信心,有信心就有目标,有目标就有动力,有动力就有理想,理想是连接梦想和现实的桥梁,能更好地帮助学生实现梦想。在中学思想政治课教学中融入职业生涯规划教育,可以在一定程度上激发学生为自己的梦想而努力,提高他们学习思想政治课和其他文化课的积极性和主动性,树立远大的目标,提供源源不断的学习动力。通过将职业规划教育融入思想政治课，教师引导学生学会思考，为班级制订学习目标和学习计划，通过每个单元附带的测试了解掌握情况，并鼓励学生为实现目标不断努力，提供动力。

(五)满足教师和学生的发展需要

将职业规划教育融入思想政治课教学中，对学生和教师的发展都非常有利，不仅可以帮助教师更好地备课、学生更有效地规划，实现课上有效学习和课后复习巩固，还可以间接引导教师和学生思考自己的人生规划。将职业规划教育融入思想政治课教学，提高了教师的规划意识，鼓励他们思考自己的教学风格，思考可以灵活运用的教学方法，思考学生的具体学习情况，从而更好地制订教学计划，有计划地进行教学管理，把学期和课堂分成小块，对每个阶段、每节课都有自己的时间交代，提高思想政治课的效果。同时，职业规划教育通过引导教师思考自己的职业发展目标，减少职业倦怠，提高职业热情，对教师产生了间接影响。教师以饱满的热情开展思想政治课，以高水平的认真态度进行教学，鼓励自己实现不断成长和进步。

将职业规划教育融入中学思想政治课，巧妙地培养学生对职业规划的理解，引导学生反思自己的学习方式，分析思想政治学科的具体内容，在课堂上规划思想政治学习，课后复习，学会反思并制订各阶段的学习计划和目标，观察社会上不同的职业以及各职业岗位需要的技能和素质。提高学生在思想政治课上集中注意力的能力。传授与生活和未来职业选择密切相关的丰富知识和信息，不仅关注学生现在在课堂上学习的理论，而且关注他们未来的成长和发展，引导他们不断提高自我竞争力，更好地满足自身成长和发展的需要。

二、生涯规划教育融入思想政治课教学的可能性

职业生涯规划教育与思想政治课教学在思想定位、教育目标、课程内容、教育功能等方面存在一定的契合度。这两个领域相互联系、相互补充,为将职业规划教育纳入意识形态和政策教学提供了可能。

(一)基本原则的相似性

中学思想政策的基本原则是以马克思列宁主义、毛泽东思想、邓小平理论、"三个代表"重要思想、科学发展观和习近平新时代中国特色社会主义思想为指导,深入贯彻党的二十大精神和党的教育方针,落实立德树人根本任务,发展素质教育。其目的是培养德、智、体、美全面发展的社会主义建设者和追随者。职业生涯规划教育的基本原则旨在引导学生了解和客观评价自己,了解自己的个性特征和兴趣,并在他人和自己的自我评价中明确定位,更好地了解社会和环境,根据实际情况做出良好的职业和生涯管理决策,做一个国家和社会的好公民。中学思想政治教学和职业规划教育都符合以学生为中心、以人为本的教育理念,共同促进学生的成长和发展。两者都是为了塑造学生的三观正确,培养他们优秀的道德品质和科学文化素质。两种指导思想的契合,更好地促进了它们的有效结合,为职业规划教育融入思想政策教学提供了契机。

(二)共同的教育目标

中学教育中思想政治教育的总目标是培养具有爱国主义、集体主义和社会主义方向的青年,使他们在社会生活中能够独立、自立,并能自我发展。中学阶段的思想政治课教学,旨在培养中学生的道德素质和政治思想,以形成正确的世界观、

人生观和价值观,促进他们在各个层面的发展。职业规划教育旨在运用职业规划理论和知识,帮助青少年明确自我定位,加强自我认知,制定符合自己兴趣和个人素质的职业发展目标,培养符合时代发展和社会需求的人才,从而实现自己的人生理想和价值。高中思想政治课和职业生涯规划教育都有助于学生学会全面认识自己、认识社会、认识世界,两者共同促进高中生的自信心,帮助他们正确认识整个社会,将职业生涯规划教育融入思想政治课教学,引导学生思考自己的学业前途和未来职业,努力学习,为自己的未来打好基础。职业规划教育和思想政治课教学目标的共同性进一步促进了它们的有效互补,为职业规划教育融入思想政治课教学提供了可能。

(三)教学内容的相关性

思想政治课的内容与职业规划教育的内容相联系。职业生涯规划教育中的自我认知、职业认知和职业选择等内容是相互联系的,是对高中思想政治课中德育教育、价值评估和价值选择等内容的补充。"创业与工人"课的知识要求学生建立独立的职业选择、职业平等和竞争性就业的概念,其性质也类似于对每个职业的正确理解和职业规划教育中与职业有关的合理选择。在中学最后一年,在思想政治教材的必修课2"政治生活"中,学生应正确认识中国的国家性质和国家的基本情况,了解中国政府、政党和基本政治结构。在"当代国际社会"科目中,学生还必须了解我国社会和当代国际社会的现状,这与了解社会和环境的职业规划教育一致。思想政治课程中文化建设的中心环节,要求学生通过自省和自律,加强科学文化修养,在建设社会主义精神文明的实践中进行思想道德建设,不断为更高的思想道德目标而努力。同样,职业规划教育也要求学生自省自律,不断提高自身的综合素质和能力,实现更高的理想,以更好地实现自身价值。中学思想政治课"思维方法与创新意识"鼓励学生学会从相关的、发展的、全面的角度看问题,职业规划教育也鼓励学生从全面客观的角度看自己,从发展的角度看自己,了解社会和环境,这些都非常重要。职业规划教育内容与思想政治课程的有效衔接,为职业规划教育融入思想政治课程提供了机会。

(四)教育功能的互补性

中学教育中的思想政治课教学总是以理论知识为基础,以培养学生接近理论水平为目的。另一方面,职业规划教育为学生提供了具体的职业指标,鼓励他们更清晰、更现实地对待有色职业,这是对思想政治教学中职业平等概念的一种实际补充。它还可以加深学生的理解和学习。掌握思想政治领域的理论知识,可以有效指导职业规划教育的实践发展,更好地提高学生的学以致用能力,做到理论与实践相结合。职业规划教育的教育功能与思想政治课之间的相互联系,为职业规划教育融入思想政治课提供了可能。

三、职业生涯教育融入高中思想政治课教学的优化对策

(一)增强意识,提高职业生涯教育融入能力

教师的专业精神是学生教育的基础,他们必须继续改进和发展他们的教学。对以往数据的分析表明,在实践中,许多公民教育教师很少接受足够的培训,也缺乏自主学习的动力和时间,使得实际的整合成为问题。因此,学校和地方应积极举

办教师培训课程，包括理论培训和实践指导，使教师提高认识，提高整合能力，从而达到整合专业教育，丰富学习形式，促进基本学科能力发展的目的。

1.提升对职业生涯教育的重视度

将职业教育纳入中学思想政治课，首先必须由教师在意识层面加以强调。中学思想政治课教师需要改变思维方式，学习国家的总体政治，以了解职业教育的必要性和可行性，理解其与思想政治课的关联性，提高关注程度。其次，教师要充分掌握"以人为本""促进学生全面发展"的教育理念，独立分析中学思想政治课教学与职业教育在教学目标、教学内容、教学作用等方面的互动性和互补性，了解职业教育在学生全面发展和长远发展中的作用，以及对高中思想政治课核心素养培养和学习效果落实的反作用，从而真正提升职业教育的意义。

2.学习职业生涯教育理论

中学公民教育教师在意识上重视生涯教育，也要将其转化为实践，所以教师要积极学习生涯教育理论，并在实际教学中学以致用，提高整合水平。首先，教师应该在自己的层面上积极参加学校和地方政府组织的相关理论培训和实践活动，并抓住机会发展自己的技能。其次，学校和地方层面的大多数教师理论培训是不充分的，要么是内容不全面，要么是培训时间短、效果差，不能满足每个教师的个性化需求。这导致教师转向自我学习和自我提高。公民教师可以利用互联网和当地丰富的资源，查阅职业教育的相关文献和案例，从而扩大学习范围；也可以利用教师团队组织研讨会，促进相互交流和提高，同时扩大学习的深度；所有这些教师都可以充分适应自己的情况，鼓励自己培养自己的学习习惯。

3.在教学中不断反思进步

中学教师也需要不断反思和改进他们的教学。在理论学习和实践观察的过程中,教师需要能够分析和综合各种问题,培养独立的研究能力。在日常工作中,教师可以向有经验的长者请教,探索解决问题的方法,记录在册,做好教学笔记。在小组学习研讨中,要注重倾听其他教师的知识和实际问题,积极参加研究,利用其他教师的问题开展自己的思考。最重要的是,公民教育教师在教学实践中应注重反思,分析每堂课的差距和成功之处,反思学习目标、过程、学习效果等,并将每堂课的问题记录在册,探索解决问题的方法,寻找并实施改进策略,独立获取材料或向他人寻求帮助等。教师将能够总结出有效的方法,从而不断提高教学实践的有效性。

(二)梳理教材,发掘职业生涯教育融入点

内容是课程的重要组成部分,是教与学的基础,教师需要很好地理解它。不难看出,中学思想政治课本中充满了能够为职业生涯教育服务的所有社会类别或相关内容的信息,包括教师需要注意的显性知识或隐性材料,并打破偏见,这是职业生涯教育的实际整合方式,也是培养学生必要性格和核心能力的重要内容。因此,教师在将一本可用于职业教育的教科书纳入公民教育课程之前,必须充分探讨其内容。

1.引导学生正确认识自我的内容

正如语文学科可以让学生意识到他们对文学的热爱和他们不同的文学天赋,英语学科可以让学生意识到他们对语言的热爱和他们在听、说、读、写方面的优势,或者数学学科可以让学生意识到他们出色的空间想象力……政治学也可以帮助

学生，政治学科目让学生了解他们对国家发展的热情，以及他们的能力和限制。因此，每个科目都有帮助学生正确认识自己的内容，但每个科目的重点不同。政治学学科的道德特征和经济、政治、文化、社会、哲学等各方面的内容，充分证实了政治学学科在引导学生正确认识自己方面的优越性，可以发挥职业教育的良好作用，从而培养学生必要的品格和基本技能。

根据心理学的观点，一个人的自我意识包括三个层面——生理、心理和社会自我，要充分了解自己，必须从这三个方面入手。高中思想政治课的主要内容既是马克思主义理论及其在中国的成就，具有理论上的深刻性，又与社会实践紧密联系，有助于学生结合自己的生活经验理解中国的社会主义政治、经济、文化、社会和生态，在实践层面接地气，非常贴近生活。此外，思想政治教育高中课程提供了坚实的知识体系：4本必修课本涵盖了经济、政治、文化和哲学的各个方面，3本必修选修课本提供了更广泛的国际视野和专业思维的发展，3本选修课本提供了与政治相关的职业机会的广泛信息。这些课程的内容涵盖了广泛的知识，通过了解时代背景下的社会状况，以及自我与社会的关系，帮助学生了解心理和社会的自我。

在教材内容方面，必修1"中国特色社会主义"，从人类社会发展的角度探讨了中国的发展方向和国家的历史任务，论证了无产阶级的伟大创造和中国特色社会主义道路的必然性，使学生对自己所处的社会有了清晰的认识，对自己的社会角色有了明确的了解。必修2"经济与社会"，涉及经济体系、市场和收入分配。通过学习这本教材，中学生可以了解社会主义经济的运作和经济建设的方向,培养他们对经济问题的兴趣,培养他们在新时期参与社会主义经济建设的热情,意识到自己作为社会主义劳动者的未来责任和义务。必修3"政治与法治",介绍中国的政治制度和体制以及中国的法治建设。它可以培养高中生的政治认同感,让他们真正理解家国一体、大小"我"的统一,让学生意识到自己在政治生活中的作用以及自己的政治权利和义务等。必修4"哲学和文化",培养学生的科学哲学思维,使他们能够在日常生活中运用科学的世界观和科学方法。例如,首先,它能使学生正确看待个人与国家之间的联系,从发展的角度看待个人命运与国家重生之间的统一,并使中学生正确处理小我与大局的关系。其次,文化部分还旨在培养学生的文化认同感和文化自信,培养学生作为中华优秀文化的传承者和销售者的责任感,使学生将自身的发展与国家的命运紧密结合。

2.引导学生对社会的内容有一个理性的认识。

中学教育中职业教育的关键因素之一是让学生对他们所处的社会和社会环境有一个全面的了解。中学课堂上的思想政治课,旨在让学生了解中国特色社会主义新时代,了解中国新时代"五位一体"总体布局和"四位全面"的战略,提升社会认知和参与能力,这是学生理性认识社会的重要内容。将职业教育纳入公民教育课程,是对教材内容的一种探索,有助于学生理性地认识社会,培养必要的品格和基本技能,培养学生的基本素质。

必修1"中国特色社会主义"从社会发展史的角度讲述,回顾了人类社会的历史发展,阐明了社会主义道路的必然性,通过掌握必修1,学生可以在社会实践中了解人类社会发展的一般规律,认识到中国特色社会主义道路的必然性,从而坚定实现伟大中华民族复兴的中国梦。这使学生认识到在今天的社会环境中,国家需要人才,了解自己对国家贡献的重要性,认识到个人的职业选择必须与社会发展和国家命运相联系,培养学生积极参与社会主义建设、为祖国发展奉献的品格。

必修2"经济与社会"研究了中国的经济框架和经济体系,论证了中国经济体系的优越性,并阐述了中国新的发展理念和收入分配制度。完成必修2后,学生能够将教材内容与生活实际联系起来,能够运用科学方法分析和解决生活中的经济问题,了解并能够参与社会生活,认识到中国特色社会主义经济制度的优越性,从中掌握以人为本的发展思想。通过了解中国的收入分配制度,他们也将能够加强对该制度的信心,该制度有效地保证了收入平等。该框架还将使学生获得对制度的强烈信任感,增强他们对新时代参与社会主义现代化建设的理解和能力。让学生全面了解所处的经济环境,了解社会发展结构,了解不同行业的收入状况和发展情况,为今后的职业选择做好准备,培养学生的自我发展的科学精神。

必修3"政治与法治"介绍了坚持党的全面领导的原因和方法,阐述了人民民主专政的具体内涵,解释了中国特色社会主义政治制度的各项基本内容,并考察了法治的具体内容。通过学习必修3,学生可以深入了解中国政治制度的基本原则、各级国家机构,并对各类公职人员的工作有一定了解,使他们能够有组织地参与国家的政治生活和社会生活。让学生明白,中华民族的社会稳定和幸福与每个中国人的奋斗密不可分,人民是国家的主人,是国家的缔造者,从而培养自己对国家和社会的感情,向学生灌输为祖国建设做贡献的理想,培养学生的政治认同、对法治的理解和公共参与。

必修4"哲学与文化"着重介绍了辩证唯物主义和历史唯物主义在社会生活和个人发展层面的意识、价值判断和行为选择的基本原则，并介绍了中国文化的传承和创新。在必修4中，学生将能够理解科学方法论，从辩证的角度看待人类社会，在实践中运用科学方法论分析和解决问题，并在自己的生活中做出正确的价值判断和行动选择。他们还能对中国文化有更深入的了解，从而对自己的文化充满信心，成为优秀中国文化的继承者和传播者。它使学生意识到精神世界的丰富性和多样性，如哲学和文化世界，使他们对社会的物质文明和精神文明有正确的认识，拓宽他们的专业视野，丰富他们的职业机会，发展他们的学术精神和基本技能。

3.帮助学生了解专业和职业的内容

社会上有许多不同的专业，职业教育对于帮助学生了解专业和职业的内容至关重要。随着社会的不断发展，新的职业被创造出来，社会分工不断细化，职业类型也越来越多样化，职业教育需要与时俱进。作为公民教育的教师，我们要发挥自身优势，培养学生的职业意识和正确观念，引导学生关注职业市场的变化。此外，我们需要让学生更多地了解自己的个性和特长，让他们意识到，在选择职业时，应该从自己的实际情况出发，选择最适合自己个性和能力的职业。因此，公民教育的教师应该在教材中加强相关的职业信息，并在含有职业信息的课程教学过程中主动向学生宣传和解释，以提高学生对政治学科相关职业和其他多学科职业的理解，包括向学生解释职业的社会历史背景、职业前景、职业所需的技能和大学的相关专业等。还可以举出相关人物的例子来增强说服力，作为学生的榜样,帮助学生形成正确的职业观念,了解职业和事业,从而培养必要的品格和基本技能,提高他们的知识储备。

例如,在"经济与社会"中,在中国的基本经济制度下,国有经济和非国有经济这两种经济形式包括企业职工、个人储蓄者、企业家、投资者等各种就业形式;在尊重"两个毫不动摇"下,发展壮大国有经济部分指出,在建设现代化经济体系下,我们正在大力发展实体经济,推动互联网和大数据与实体经济深度融合。它还包括脚踏实地、艰苦奋斗、锐意进取、实业致富的职业概念;"中国的个人收入分配"涵盖了不同职业的各种收入分配类型,涵盖了广泛的职业类型。它不仅包括与经济学相关的职业信息,还包括对学生正确职业观念的指导。

在"政治和法治"方面,学生将研究不同的政治框架。这包括群众自治的基本机构,各级人民代表大会和常务委员会,这可以使学生对不同类型的人事工作有一定的了解,为学生了解与政治有关的职业提供指导,并为学生形成职业理念提供良好的指导。"严格执法""公正司法"涵盖了政府、人民法院和检察院的内容,不仅可以让高中生了解中国各权力机关的运作,还可以深入到个人层面,帮助学生了解政府机构中公务员的日常工作等。充分尊重法治部分还包括法官、检察官、律师、公证员、基层法律服务工作者以及公司和机构中从事法律事务的职业,可以为学生提供广泛的专业参考。

在"哲学和文化"方面,关于世界是普遍联系和不断变化的教学应该教会学生意识到他们自己的选择和他们未来发展之间的关系,考虑到他们与世界的密切个人联系,如他们在最后一年的科目选择和他们在大学的专业选择,并引导他们应用观点。引导他们树立正确的职业观,使他们学会为自己挑选和选择合适的专业,而不是引导他们学会为自己选择合适的职业,而不是选择适合大多数人但不适合自己的热门职业。在文化部分,有记者、艺术家、考古学家、文物修复师等多种职业,这些都是职业教育的重要素材,教师要善于发现,认真分析,勇于收录。

(三)抓住时机,突显职业生涯教育融入路径

包容不仅需要对所有内容有很好的理解,还需要对时机有很好的理解,这样才能使包容悄悄地、无缝地发生。中学教育中的思想政治课教材不仅包含了大量与中学生职业相关的知识,反过来,相关的材料和知识也可以帮助教师的教学。教师需要了解学习过程的各个方面,使用职业材料,抓住时机,创造条件,突出职业教育的整合路径。

1.活用职业生涯素材导入及探究

除了教科书中明确的职业教育内容,教师可以将其纳入课程,还可以利用职业相关的材料进行课堂输入和探索,不仅为学生提供基于研究的方法来学习教科书中的内容,还可以加入相关的职业信息,使学生不仅从教科书中获得知识。但也要接受职业教育,使他们不仅学习与政治学学科相关的职业信息,还能获得不同领域的职业信息,明确相关的职业概念,形成自己的职业理想,从而形成必要的性格和核心能力,培养学生的核心能力。

例如,在讲授"经济与社会"课程中的"中国人的收入分配"一节时,教师可以展示不同收入类型和工资水平的家庭实

例，引导学生不仅从生活实际出发，而且通过相关的职业信息，探索中国收入分配制度和收入类型的内涵，帮助学生了解中国收入分配制度的具体实际情况。它还可以帮助学生强化"劳动最伟大"的观念，鼓励学生通过勤奋、诚实和创造性的劳动来充实自己，实现本课的教学目标；此外，它还可以使学生了解不同行业收入分配的差异，提高对不同职业多样性的认识，理解不同行业劳动致富的实质，从而有效地提高尚未涉世的高中生的劳动意识和职业观念。这将有助于学生发展科学思维。

例如，在讲授政治和法治时，教师可以用各行各业的共产党员站在抗击疫情最前沿的例子，如医生、科学家、军人、商人、普通工人等，不仅要从学生的实际生活出发，还要利用相关专业资料。学生能够理解党的性质和宗旨，体会到党的一切活动的出发点和落脚点是人民，从而达到本课的三维学习目标。学生们还可以了解不同职业的共产党员在抗击疫情中的作用，从而了解不同职业对社会的责任和贡献，如一线医生在救死扶伤中的感受和责任，科研人员在病毒研究中的困难和坚守，人民警察在维护社会治安中的作用和负担……它将增进学生对不同职业的了解，激发他们内心对不同职业的尊重和向往，这有助于帮助学生形成正确的职业观和职业理想，培养学生将个人命运与国家发展联系起来的个人品格，为国家发展做出贡献。

例如，在讲授"哲学与文化"单元中的"人生价值认知"一课时，教师可以利用袁隆平、屠呦呦、钟南山等共和国勋章获得者的作品，引导学生探讨这些伟人的人生价值和社会价值是如何体现的，他们有哪些价值，他们如何进行价值判断和价值选择,他们如何创造和实现,等等。这些杰出人物的作品不仅激励高中生将个人发展与社会进步和祖国命运结合起来,而且激励他们在社会贡献中做出良好的价值判断和价值选择,使他们成为生活中的价值意识,促进社会价值。此外,鉴于这些新的时代建设者的身份和职业的巨大多样性,还可以提高中学生对职业的认识,激发他们对特定职业的渴望,培养良好的职业理想,从而培养他们的奉献精神和自我发展能力。

2.善用职业信息进行总结及升华

在一节课中,尽管在课堂导入和不包含职业内容的探究活动中使用了比较合适的材料,但在课堂总结升华环节,仍然可以利用相关的职业信息找到该课的落脚点,实现该课的情感态度和价值观目标,向学生灌输职业意识,是对学生职业理想的升华,培养学生的基本素质。

例如,通过学习"政治与法治"栏目中的"地方一级的群众自治",学生了解了地方一级群众自治的组织形式:村委会和居委会,以及它们的性质、职能、形成和治理,以及中国人民如何直接行使民主权利,让学生从书本到实际生活中具体了解基层工作者的真实工作,从而使学生更好地了解我国的基层自治制度。学生们将能够更多地了解中国人民的自治制度,并激励他们行使自己的民主权利。此外,还可以起到职业教育的作用,使学生了解基层工作者的职业,为他们今后的职业选择提供各种参考,培养正确的职业观念和情感,从而促进良好学风的形成,培养学生的法治意识和社会参与意识。

例如,在"哲学与文化"中,学生们了解了文化的功能和内涵,中国伟大传统文化的主要内容和当代价值,以及延续中国伟大传统文化和民族精神的必要性。在此期间,在总结和升华环节,教师可以通过图文视频向学生提供考古学家、文物修复师、外交官、翻译等职业的信息,也可以通过让学生分享自己对中国文化传承和发展的认识,让学生了解这些职业的工作内容和意义,从而增强学生对这些职业的了解,为学生提供实际的行为和职业选择。该项目鼓励学生成为中国文化的载体和文化交流的使者,从而培养学生的良好品格和为祖国做贡献的精神。

(四)拓展视野,职业生涯教育融入资源

将职业教育纳入中学思想政治课,不仅需要深入研究课本内容,还需要拓宽视野,了解周围的不同资源,掌握整合的方法。

1.聚焦校本资源,丰富教学内容

事实上,学校环境有丰富的教育资源,涵盖教育的各个方面,供教师使用。因此,为了提高教学质量,教师不应局限于课程本身,而应好好研究学校现有的职业教育资源,利用贴近学生学习和生活的职业教育资源,这样才有可能丰富职业教育的内容,满足公民教育课的学习目标,更好地实现中学生职业教育与公民教育的结合。

在课堂上,教师可以开发和选择一些名人和事件或关于学校职业的不同信息,并在教学中使用实例,学习和职业教育相互补充。例如,在讲授"非国有经济的主要类型"这一知识点时,可以引用与学校有关的名人的商业故事来帮助学生理解,同时也激励他们的职业发展。在学习文化功能时,教师可以举出教师作为文化的继承者和传播者是如何制定和执行文化功能的,帮助学生活学活用地理解文化功能,也可以引导学生了解教师职业，启发学生的职业选择，帮助学生培养科学文化。教师还可以帮助学生了解教师职业，激励他们的职业选择，帮助他们培养好奇心和奉献精神，并帮助他们培养良好的性格。

在课堂之外，中学生在选择自己的课题时与公民课的联系最为密切。虽然高考科目的选择与公民课的教学没有直接的重大联系，但科目的选择方向直接影响到学生的重大生活事件，如在大学选择专业和毕业后找工作，也影响到高中公民课的长期发展。帮助学生做出良好的选择将有助于他们发展自我发展的技能，并有助于他们适应以后的生活。它还将明确高中生公民教育课程的地位和作用，这有助于公民教育课程的长期发展。当高年级学生选择自己的科目时，公民教育老师可以利用知名校友和同事的故事来激励学生，并根据学校提供的科目组合提供职业建议。对于想学习文科或理科的学生，他们可以列出他们的兄弟姐妹在大学里进入的文科或理科专业和职业，为学生提供指导。例如，"物理+化学+政治"的组合是根据一些军校的要求定制的，不选择政治的学生可能无法学习相关专业，所以适合目标志愿为军校的学生。

2.重视时政资源，了解职业形势

这些专题资源涵盖了近期备受关注的政治、经济、文化和军事方面的国际或地方新闻，以及与人们生活密切相关的各种热点问题。在中学政治教学过程中，专题资源作为一种重要资源，可以有效地帮助中学生了解公共政策，拓宽社会视野，利用专题资源的潜力，使学生了解社会现状，帮助他们适应社会、融入社会，从而达到学习目的。同时，专题资源中的信息也是培养学生职业意识、职业观念和职业素养的重要材料,有助于学生了解社会现状,进行个人职业规划,使学生具有将个人发展与国家发展相结合的科学精神和决心。

例如,在讲授"促进、支持和管理非国有经济部门的持续发展"这一主题中,教师可以讨论政府和企业为促进、支持和管理非国有经济部门的持续发展所采取的措施,并引导学生结合当前中美贸易摩擦,共同探讨成功创业、培养科学精神和法治精神的秘诀。这也有助于学生更好地了解当前的经济形势,帮助他们了解社会的需求,培养他们的专业精神和核心学科知识,如科学精神和政治认同。

例如,在讲授"弘扬中华优秀传统文化和民族精神"的学习中,教师可以用中国最具代表性的"网络红人"李子柒的故事,通过探讨李子柒走红的原因和走红后的表现,来说明学生如何理解中华优秀传统文化的传承和发展,培养学生的科学精神,使学生能够理解弘扬优秀传统文化的正确态度和实践途径,培养学生作为中国文化传承人的使命感,引导学生以实际行动支持传承理念,参与公众文化生活。李子柒的故事也体现了自主创业、艰苦奋斗的理念,她对网络名人的新定义也启发了学生对新时代新兴职业的认识和理解,有助于学生将正确的价值取向融入知识。对网络名人的重新定义,也启发了学生对新时期新兴职业的理解和认识,有利于将学生正确的价值取向融入知识中,培养学生正确的职业定位和职业观念,顺应社会主义发展对人才的需求,符合新课程改革的方向,有利于培养学生的科学精神。

(五)不断改进,拓展职业生涯教育融入方法

1.活用实践教学法

中学思想政治课具有实践性、时代性和现实性,是一门综合性、行动性的课程,要求政治教师在课堂上注意知识性的教学实践,最大限度地关注学生的主观能动性和主体性。理论与实践的结合运用,不仅可以实现知识的教学目标,还可以让学生通过亲身体验获得独特感受,从而升华情感,培养学生的学科核心素养。将职业生涯教育融入思想政治课教学,需要充分调动学生的主观能动性,让学生丰富职业体验,直观了解工作内容,辨别职业适合性,形成良好的职业意识,有效培养职业规划能力,从而培养学生需要的品格和基本技能,提高学生的基本能力。

因此,教师在教学中应积极运用实践学习法,尽量将教材内容与实践活动相结合。例如,在"经济与社会"第四课"中国的社会保障"中,教师可以安排学生模拟在地方政府和保险公司工作,让学生了解社会保障、社会救助、社会保护和社会福利,体会中国社会保障制度的重要性,同时也帮助学生了解相关专业,培养科学精神和实践能力。它还将帮助学生了解相关专业,并培养他们的科学和实践能力。在讲授第6课"政治与司法中的地方自治制度"时,教师应该意识到,通过让学生模拟社区委员会和街道管理机构等机构的日常工作,可以帮助学生更深入地了解地方组织的性质和学习目标,并借此机会提供职业培训。一方面,通过参与真实的体验活动,学生可以实际体验不同工作的困难,提高他们的职业知识。同时,实践活动还可以锻炼中学生的人际交往和组织能力,提高他们的实践能力,培养以后生活的关键能力。总的来说,教师要很

好地调动学生的主观能动性,通过课堂实践充分发挥引领作用,帮助学生丰富专业经验和感受,有效培养良好的工作理念,提高专业意识和技能,发展关键能力。

2.善用榜样熏陶法

将教育与职业相结合是一个长期的过程,学生的学习会转化为未来和长远的更好的职业选择和发展。因此,职业教育应该是一个实现现在和探索未来的教育过程。将职业生涯教育纳入中学思想政治课,需要了解学生当下的真实情况和未来的发展需求,了解当前的社会形势和未来的发展方向,实施培养多样化技能和引导价值观的教育,对学生实施深远的教育。根据访谈结果,中学生在考虑未来职业时,容易受到社会各界标准的影响,更关注工资和社会地位等因素。这种观念不会让学生在选择职业时把自己的发展与国家和社会的发展联系起来,也不会体会到个人价值与社会贡献之间的统一,这不利于培养社会主义建设者和接班人的目标。因此,教师可以在教学中使用演示模型的方法。通过适当的人物角色故事,可以促进学生情绪和行为的转变,引导学生形成正确的职业意识和观念,树立远大的职业理想,实现中学公民在政治课中情感态度和价值观以及知识和技能的教学目标,培养学生必要的品格和基本技能。

例如,在学习"经济与社会"课程中的"中国的个人收入分配"时,学生了解到中国已经完善了个人收入分配制度,教师可以以反贫困斗争为参照,给出反贫困工作的典型数字,让学生理解。中国收入分配制度的出发点和落脚点是为全体人民谋福利,感受扶贫工作者的奉献和伟大,这有助于向学生灌输将来可以为祖国建设做出贡献的信念,帮助他们形成正确的职业观和高尚的职业模式,培养他们敬业和不怕苦的品格。例如,通过学习哲学和文化单元"正确认识中国传统文化",学生了解了中华优秀传统文化的主要内容、特点和当代价值,激发了他们心中的认同感。教师可以借此机会,利用考古学的最新进展和中国"三星堆遗址"新发现的文物的相关材料,让学生感受到中国传统文化的古老历史和无穷魅力,帮助他们增强对自己文化的信心,提高民族自尊心。考古学在探索古代文化、促进现代文化发展方面发挥着重要作用,以自身为例激励学生做中国传统文化的保护者和传承者,为学生将来选择文化事业提供职业机会,培养学生的爱国情怀和忠于社会的品格。例如,在"哲学与文化"科目中的"生命欣赏"一课中,教师可以用获得中华民国勋章的于敏、李延年、袁隆平、钟南山的故事,启发中学生将个人发展与祖国的命运结合起来,激励他们在为社会做出有价值的判断和有价值的选择。它还可以激发中学生对这些职业的向往,培养良好的职业倾向,从而促进学生的科学精神和良好品德的教育。

第二节　职业规划指导与高中思想政治课教学的联结点

职业规划教育是一个系统的、连贯的过程,它可以培养学生对职业规划的理解,帮助他们更好地了解自己和社会环境,并帮助他们做出良好的职业和职业管理决策。每节课都结合了全球整合和有针对性的整合。本章从4本人教版高中政治教科书中提取一些见解,探讨教科书的内容。教师积极探索思想政治课教材中职业生涯规划教育的联系,并以此为基础将职业生涯规划教育融入课堂,丰富思想政治课课程,改进教学方法,提高教学效果。

一、生涯规划教育融入"经济生活"相关联结点

在本章中,强调了中学最后一年关于经济生活的意识形态和政治的两节课,以整合职业规划教育。在关于色彩消费的课程中,引导学生探索他们的消费水平,了解社会的消费模式,并学会计划和管理他们的消费行为。在新时代工人课程中,引导学生充分认识自己,了解自己的长处和短处,认识社会和环境中的职业特点,培养规划意识,形成有竞争力的就业观,为将来更好地学习和就业做准备。

(一)融入"多彩的消费"的联结点

在讲解消费及其规律时,教师要培养学生对职业规划的理解和自我意识,展开详细的消费规划和改变规划,引导学生接触自己的消费能力,选择适合自己的消费,评估自己的消费水平,形成正确的消费观,不盲目跟风,不与他人攀比,成为理性的消费者。将"消费方式"讲座纳入职业规划教育,帮助学生了解社会和环境,帮助学生了解当今社会环境下的消费方式,解释三种消费方式:货币商品消费、借贷消费和租金消费。在社会生活中,在超市和小卖部,消费行为是一手交钱一手交货;在缺乏资金的情况下,大学生创业或买房买车时可以选择借贷消费;如果我们需要的东西不经常使用,时间也不长,也可以选择租赁消费。例如,我们读书时不必买所有的书,我们可以通过租房来减少学费,我们全家出国旅行时可以租车和

租旅馆[①]。

教师讲解"树立正确的消费观",结合职业规划教育,帮助学生充分了解自己,引导学生正确认识自我,在日常生活中思考自己的消费心理,反思自己是否盲目跟风。过度自我比较,努力采取新的、不同的行为,坚持从自己的实际情况出发,量入为出,提倡理性消费,厉行节约,避免盲从和奢侈,做理智的消费者。将指导学生如何管理他们的消费,学会计划他们的消费行为,并训练他们以有计划和有意识的方式进行消费。减少他们生活中的浪费,养成节俭消费和全面规划的习惯。在"影响消费水平的因素"讲座中,通过职业规划教育,帮助学生全面认识自己,充分了解家庭经济状况,正视自己的需求,减少生活中盲目的竞争性消费行为,培养学生对收入是消费的基础和前提的深刻认识,帮助学生理解当父母不能满足我们一些质的物质需求时,是为了提高家庭抗风险的能力。学生们能够控制自己目前的消费,养成科学合理的消费习惯,了解家庭发展计划。

(二)融入"新时代的劳动者"的联结点

将职业规划教育纳入"新时代工人"的培训中,以提高对职业规划的认识。本课的"意识形态与政治"课程目标要求学生树立独立的职业选择、竞争性就业和职业公平等观念。这种理论知识是乏味而枯燥的,学生只是简单地记住了单词,但却不能很清楚地理解这些就业愿景。教师以经典职业人物为素材,引用辛勤工作的科学家、救死扶伤的医生、保家卫国的军人、教书育人的教师、注重经济和社会效益的企业家、默默

[①] 胡源龙,李佳,孙旭.父母对高中生STEM职业倾向的影响[J].化学教育(中英文),2021,42(7):99.

为人民服务的工人等,培养学生纯洁的心灵,做对国家和社会有用的人。我们需要收集知识,提高我们的技能和素养,以便我们长大后能够实现我们的愿望。

当教师解释独立职业选择的概念时,他们帮助学生充分了解自己。通过解释竞争性就业的概念,教师帮助学生全面了解社会和环境,以及大学的专业和职业。他们还通过课堂调研,了解学生未来想从事的职业,向学生展示具体职业所需的技能和素质,从而激励学生树立就业竞争意识,有忧患意识,努力学习科学文化知识,提高技能和能力,满足社会需求。通过解释职业平等的概念,教师帮助学生认识到社会和环境中的每一种职业,认识到每一个为社会发展和进步做出贡献的劳动者都值得尊重,认识到任何一个谦虚和决心做好自己的工作,尽可能把简单的事情做好的人都不平凡,认识到我们任何人都可以在任何平凡的工作中取得非凡的成绩。引导学生学会做好职业管理中的目标管理和时间管理,每个人都想参与实现职业目标,很少一蹴而就,我们要积极适应现代市场经济和信息化发展的要求,灵活多样,找工作只要有计划、有思路,管理好时间和目标,只要我们朝着一个方向努力,最终会在新时代取得好成绩。将职业规划教育融入"新时代的劳动者"课程的教学中,间接培养学生对职业规划的认识,引导学生深入理解新时代劳动者职业选择的内涵,提高学生的认识和学习能力。

二、生涯规划教育融入"政治生活"相关联结点

(一)融入"我国的政党制度"的联结点

教师在介绍"中国的政党制度"时,加入了职业规划教育,帮助学生全面了解社会、环境、中国共产党、中国特色社会主义国家、人民民主专政的性质和人民统治国家的性质。他们了解中国共产党的性质、宗旨、地位、指导思想、基本路线、组织原则和执政方式,明白中国共产党永远为广大人民的利益服务,始终认为中国共产党是为人民服务的党,中国共产党党员是一种光荣而神圣的身份。我们必须毫无保留地加入和支持中国共产党的领导和党的工作。教师结合职业规划教育讲解党的理论,促进学生对职业规划的认识,积极引导学生加入共青团,在平时多参加团的活动,积极学习党的理论知识,多向党员学习,培养自己的工作能力和乐于助人的精神,积极加入大学的党组织,争取早日成为光荣的共产党员。介绍优秀共产党员的进步作品,在学生心中播下党的种子,引导学生深入了解中国共产党的相关理论知识。春节期间,许多党员医生主动到抗击新型冠状病毒疫情的第一线工作,省、市、县、镇、村的党员干部充分发挥党员的先锋模范作用,支持国家工作,积极推进疫情防控。教师要引导学生积极向优秀共产党员学习,学习他们的优秀品质和为人民服务的精神,认识到解决中国当前的主要矛盾必须牢牢依靠中国共产党的领导,鼓励每个中学生积极向党组织学习,向党组织靠拢,充分承担起党员的先锋模范作用,把为人民服务、为社会做贡献纳入职业规划。

(二)融入"当代国际社会"的联结点

教师在"当代国际社会"课程中融入职业规划教育,帮助学生了解社会和环境,培养规划意识,使学生了解主权国家的性质,了解中国在联合国舞台上的积极作用和对世界和平与发展的重要贡献,明白中国是一个和平和负责任的国家,始终遵循世界和平与发展的道路。引导学生了解当前的国际形势,了解中国要抓住机遇,和平面对挑战,增强综合国力,发展科学技术,提高国民素质,在不久的将来把我国建设成为富强、民主、文明、和谐、美丽的社会主义现代化国家。教师帮助学生了解国家发展计划,增强学生的自我规划意识。在讲解本课内容时,教师结合职业规划教育,通过引导学生将成为高精尖人才的目标纳入职业规划,激励学生了解国际社会,多学外语出国留学或成为交换生,努力学习科学文化知识,留学归来后报效祖国,在中国社会和国际社会发挥自己的作用。要引导学生把成为高精尖人才的目标纳入职业规划,使他们充分认识到今天的高中生是祖国未来科技人才的储备。每个年轻人都必须接受时代的使命,努力学习,抓住机遇,迎接挑战。教师结合职业规划教育,培养学生对职业规划的理解,以服务祖国,找到自己在世界、国家或社会中的角色,主动承担责任,不断培养自己的科学文化素养,不断提高知识和技能。鼓励他们负起责任,发展科学文化,积累新知识,加强创新,在社会上发挥自己的光和热,成为我们国家利益的有力维护者、保护者和捍卫者。教师帮助学生更好地了解中国、社会和环境的现状,培养学生的创新意识和创新精神,使他们能关注社会、关注中国、关注世界,为国家和社会服务。

三、生涯规划教育融入"文化生活"相关联结点

在"文化对人的影响"一课中,引导学生认识社会和环境,了解和反思当前所处的文化环境,明确文化对人的影响,做好职业管理和决策,主动选择健康、积极的文化,果断远离落后、腐败的文化。在"文化发展的中心环节"科目中,教育学生要有规划意识,不断提高思想道德素质和科学文化素质,引导学生做好职业管理和决策,规划好生活和学习的时间和目标,通过自省和自律不断提高自身素质,不断向更高的目标努力,不断进步和发展。

(一)融入"文化对人的影响"的联结点

教师解释文化对人的影响,结合职业规划教育,帮助学生全面了解社会和环境,做出并管理好职业决定。教师引导学生明白,文化是由人创造的,同时也影响着每个人,我们生活的文化环境潜移默化地影响着我们的交往方式和行为方式,对我们产生了深刻而持久的影响。教师帮助学生了解知名企业的企业文化,引导学生将科学文化背景融入职业规划中,不断提高学生的文化素质,为学生成为具有良好文化背景的专业人才做好准备。教师引导学生观察学校的课堂文化和周边的社区文化,引导学生选择有利于自己发展的文化环境,了解优秀的文化有助于人的全面发展,引导学生对自己的生活和学习进行管理和决策,自我反省和自我约束,不断进步和创新。指导学生如何选择有利于自身发展的文化环境,如何远离落后和腐朽的文化,如何主动学习优秀文化,如何明确不同时期对人的全面发展和素质的要求,如何根据自己的时间和目标制订学习计划。在讲解本课时,教师还可以帮助学生了

解中国传统文化,如优秀的中国书法文化、中国传统绘画、文化遗产等。通过带领学生扮演书法家、国画家、考古学家等职业角色,引导学生了解国粹,感受文化力量,激发学生兴趣,开阔学生视野,提高学生的思想道德和科学文化素质。

(二)融入"文化发展的中心环节"的联结点

在"文化发展的中心环节"的讲座中,教师融入了职业规划教育,帮助学生在生活和学习中做好职业管理和职业决策。教师详细解释科学和文化以及思想和道德教育的意义和重要性,引导学生学习自然科学和社会科学,用人造的科学和文化知识装备我们的大脑,并通过自我反省和自律继续提高自己的思想道德水平。教师引导学生把职业管理和职业决策融入为人民服务的理念,树立远大理想,追求社会主义道德要建立在为人民服务的基础上,以各种形式为人民服务,从身边的小事做起,做好目标规划和时间管理,脚踏实地,不说空话,注重行动,从现在做起,记录每天的学习情况。日常我们将继续追求更高的思想道德目标,努力做一个对国家和社会有用的人,一步一个脚印,帮助学生管理好每一件事,深入掌握课本上的理论知识,并运用到实际生活中,引导学生懂得节约时间,做好时间规划和管理,激发学生管理好职业生涯,做好决策,不断学习。我们鼓励学生做出决定并很好地管理自己的职业生涯,以实现更高的目标并实现自己的人生价值。

四、生涯规划教育融入"生活与哲学"相关联结点

为了整合职业规划教育,重点介绍了生活与哲学中学的思想政治课的两节课。通过教授思想和创新方法,引导学生正确认识自己,学会从相互联系、不断发展和相互矛盾的角度看

待问题,正视自己的长处和短处,认识到自己有无限的潜力,培养自己的规划意识,不断努力成为更好的自己。通过讲授"人生价值意识"课程,教育学生对规划的理解,通过努力工作和奉献创造价值,指导他们如何做出决策和做好职业管理,学会以社会利益为最高价值判断和价值选择。

(一)融入"思想方法与创新意识"的联结点

教师将职业规划教育纳入"创造性思维和理解"课程,以培养学生对职业规划的理解,帮助他们了解职业管理和决策。在"世界是普遍联系的"一课中,教育学生培养规划意识,引导他们认识到学习的严肃性与目标受众和未来职业密切相关,只有提高自己的素质和综合能力,才能拓宽职业规划的道路。教师鼓励学生从相互联系的角度看问题,从现在开始认真学习,分析学科之间的关系,学习系统的优化方法,注重学习的完整性,遵循各学科之间有序的内部结构,规划各学科的具体学习,制订行动计划,促进各学科的进步和发展。教师引导学生全面了解自己,解释世界在不断变化。教师通过让学生意识到每个人都在不断发展,具有无限的潜力,如果我们现在花时间努力工作,并继续识别和探索自己的优势,我们都可以取得进步和发展。教师引导学生正确认识到,发展的道路是曲折的,但总体趋势是向前的,是光明的,就像我们的学习有时会遇到挫折,但总体上我们都在进步和发展,我们不应该因为一时的挫折而完全否定自己,毕竟我们都是一个整体在进步,每次考试的失败只是为了获得更高的考试成绩。理解做好量变的准备,以促进质变,正确分析自己,从每一次不成功或不满意的经验和教训中吸取教训,明白所有的学习都必须从量的积累中逐步进行,以实现质的变化,不断设定新的目标,以继续发展和进步，做好职业管理和规划。学生在良好的职业管理和决策方面得到了帮助，而教师则解释了唯物主义辩证法的性质和本质。引导学生运用两面性的观点看待升学与求职的矛盾，根据自己的情况做出升学或求职的决定，明确升学的目的或求职的方向。

（二）融入"实现人生的价值"的联结点

教师在讲解"实现人生价值"时，结合职业规划教育，帮助学生确定正确的价值观，做出理性的职业决定。教师帮助学生理解人的价值与价值创造、责任和对社会的贡献有关，我们需要在对社会的贡献中理解我们的个人价值。教师在教学中应注重对学生的价值观产生积极、健康和支持性的影响。教师在平时的教学中要注重让学生佩服和尊重科学。李兰娟院士表示，希望国家为青少年树立正确的人生准则，在任何时代，科学技术都是国家繁荣富强的需要，在文化大发展大繁荣的时代，我们更需要健康有益的文化。教师要多关注学生的价值取向，不追捧演艺明星，少听各种演艺明星、爱情、婚姻的八卦新闻，要引导学生关注科学家、医务工作者、军人和为国家做出贡献的各领域优秀人物，通过纠正青少年的人生观、价值观和道德观，引导学生做出正确的职业决策，努力成为造福国家的优秀人才。他们应该引导学生做出正确的职业决定，并立志成为有利于国家和民族的杰出人才。教师应引导学生释放主观能动性，努力在生活和学习中不耻下问地做出每一个决定，做出正确的价值判断和价值选择。在他们未来的所有生活中，他们应该成为为他人、为社区、为社会、为民族、为国家和为世界做出贡献的人。

第三节 职业规划指导与高中思想政治课教学的有效对策

将职业规划教育纳入思想政治课的主要进展是在学校和教师层面。提高教师对职业规划教育的认识和理解,提高教师在思想政治课中融入职业规划教育的教学技能,指导教师对学生的职业规划进行评估。提高学生的规划意识,利用职业规划教育资源丰富课程内容,创新思想政治课职业规划教育教学方式。

一、引导学生重视生涯规划,培养学生规划意识

(一)家校协作提升学生对生涯规划教育的重视度

思想政治教育是一门自然的德育课程,对学生的思想道德素质有重要影响。家庭和学校共同为学生创造一个良好的学习和生活环境[①],教师和家长之间的沟通得到加强,从而对学生的生活和学习有一个更全面的了解,并能更有目的地制定计划。教师帮助学生制定适当和坚定的目标,并为他们的日常生活制订详实的计划,以便学习能够更好地适应学生的需要。家长加强与教师的沟通,更好地了解孩子在学校的表现,积极配合教师指导孩子的教育,关注孩子的兴趣和愿望,关注孩子的教育期望和职业发展方向。家长和老师及时沟通,实时掌握学生的动向。家庭和学校共同关注学生的全面发展,共同培养学生的理解和计划能力,强调自我导向和决策。

---

①闫佳伟.中学立德树人落实机制研究[D].长春:东北师范大学,2021:30.

(二)教师在教学中注意培养学生的生涯规划意识

教师在日常教学中注意引导、认真研究,在高中思想政治课中努力寻找可以融入职业规划教育的环节,巧妙地融入职业规划教育,在经济生活常识中引导学生了解企业、银行、多元经济、中国特色社会主义新时代的经济建设。教学生了解社会和环境,了解专业和职业,对学生进行理想教育,引导他们制定自己的学习和发展目标,和他们一起分析自己的现状和理想目标之间的差距,引导他们做出良好的职业和职业管理决策,并在高年级时重点培养学生对职业规划的理解。我们把职业规划教育巧妙地融入政治生活中,让学生对国家、党和政府有一个正确的认识,让他们明白大梦想需要大建设,要想成为一个对国家和社会有用的人,就要脚踏实地,从现在的小事做起,好好规划自己的学习和生活。在文化生活常识方面,引导学生识别文化对人的影响,慎重选择文化,考虑文化对现在和以后生活的影响。在哲学和生活常识方面,引导学生确定正确的价值观,反思自己的人生规划,做出正确的价值判断和价值选择。

二、学校重视培训和提高教师生涯规划理论知识与意识

为提高教师的职业规划意识和能力,学校支持和推动职业规划教育融入思想政治课,举办相关职业规划教育培训班,邀请职业规划教育专家对教师进行培训和指导,提高教师的理论水平,帮助教师掌握职业规划教育知识。

(一)提高教师理论水平,掌握生涯规划教育知识

2019年10月,教育部、中宣部等五部门印发《关于加强新

时代中小学思想政治理论课教师队伍建设的意见》,明确提出要提高思想政治课教师教学水平,加强思想政治课教师的引领作用。为了指导高中生选择学科,制定高二目标,指导高中生填报志愿,教师需要在课堂上培养学生对职业规划的理解,充分挖掘学生独特的潜力和优势,制定适合自己的人生规划,而这一关键点就是要提高教师在职业规划方面的教育和能力。学校定期组织思想政治课教师进行职业生涯规划教育培训,邀请职业生涯规划教育专家开展专题活动,提高教师职业生涯规划教育的理论水平;组织教师学习,提高教师的职业意识。加强教师的学习,还应培养教师的职业意识,这将有助于解决教师现实教学与理想教育之间的矛盾,从而帮助教师有目的、有创意地运用不同的教学手段,将职业规划教育融入课堂。

(二)学校倡导和鼓励教师将生涯规划教育融入思政教学

现阶段很多学校教师缺乏职业规划的意识和理论知识,所以学校需要自上而下地规划学校教师的发展。学校贯彻"一切为了学生的发展"的理念,致力于推进以学生发展为中心的职业规划教育,积极支持将职业规划教育作为思想政治课融入学科哲学教学,是职业规划教育融入学科教学的优秀范例。学校应该使每位教师从思想上认识到将职业生涯规划教育融入课堂不是问题,而是最短的学习途径。学校鼓励思想政治课教师积极融入职业生涯规划教育,制定职业生涯规划教育融入课堂的效果评价标准,并在教研组之间进行指导和交流,提高思想政治课教师融入职业生涯规划教育的积极性和主动性。在教研组内对学生进行表彰,分享经验,提高思想政治课教师将职业生涯规划教育融入课堂的积极性和主动性，提高教师将职业生涯规划教育融入思想政治课的意识。

三、教师挖掘生涯规划教育资源，提升生涯规划融入技巧

在教师无法开发职业规划教育资源的情况下，学校倡导思想政治课教师与教研组、备课组合作，开发思想政治课教材中与职业规划教育相关的教学资源，并探索两者之间的联系。学校加强教师技能培养，凝聚全体政策性教师的智慧，互帮互助，并邀请职业规划教育与学科教学融合做得好的专家教师分享经验，使教师的职业规划教育融合技能得到内部和外部的提升。

（一）教师充分思考和挖掘思想政治课教材中生涯规划教育的资源

目前，在中学思想政治课本中，与职业规划教育相关的教学手段相对较少。教师需要提高对将职业规划教育纳入思想政治课本的认识。教师可以积极研究和发现学校教科书中可以融入职业规划教育的环节，融入职业规划教育，丰富课程内容，更好地促进思想政治课教学。一方面，教师之间可以通过信息交流和相互学习，加强同事之间的沟通，共同探讨职业规划教育可以融入思想政治课的课堂环节，高年级组可以研究教材中职业规划教育的显性和隐性资源，并以联合备课和全校竞赛的方式进行展示。对将职业规划教育融入课堂的教师进行奖励，并分享经验，充分调动思想政治课教师将职业规划教育融入思想政治课教学的积极性。另一方面，教师可以利用互联网自主学习职业规划教育融入学科教学的理念和方

法,学习研究教科书中的职业规划教育资源,丰富思想政治课课程。

(二)学校加强教师技能培训,提升生涯规划融入技巧

为了从根本上解决问题,学校需要加强思想政治课教师将职业规划教育融入课堂的技能,提高教师将职业规划教育融入思想政治教学的技能和方法,应对挑战和不确定性。一方面,学校可以依托内部力量加强教师技能培训,集合全校政治教师的智慧,组织大家共同研讨思想政治教材,分析校情,思考如何将职业规划教育巧妙地融入这些部门的课堂中,吸引学生的注意力,提高课堂效率,共同促进课堂和学生的发展。另一方面,学校可以邀请有职业规划教育融入学科教学的相关经验的教师,组织政治教师参加讲座,学习如何将职业规划教育自然融入课堂,减少课堂的刚性,增加课堂的灵活性,总结融入方法和技巧的共性,在平时进行职业规划教育融入课堂的尝试。讲习班还将提供一个机会,综合整合方法的常用技巧,尝试在课堂上整合职业规划教育,反思整合方法,丰富课程内容,增强课堂魅力,吸引学生注意力,提高课堂效率。

四、创新生涯规划教育融入课堂教学和实践教学形式

教师改进思想政治课教学方法,创新将职业生涯规划教育融入课堂,采用不同的教学方法,丰富思想政治课教学内容。教师在思想政治课中开展实践活动,创新将职业生涯规划教育融入实践教学,通过实践课的活动激发学生的学习兴趣,开阔学生的视野,创新思想政治课中职业生涯规划教育的实践教学形式。

(一)改善思想政治课教学方法,创新生涯规划教育融入课堂教学

教学方法是教师为实现学习目的和目标而采用的一套教学策略、教学工具、教学方法和活动。将职业规划教育纳入课堂思想政治教学,修改传统教学方法,普遍采用多种教学方法。教师可以分片授课,教师借机将职业生涯规划教学巧妙地融入课堂,丰富思想政治课的内容,综合运用情境教学法、案例教学法、演示法等方法,利用多媒体教学,利用网络教育资源,创新课堂教学方法和手段,吸引学生的目光和注意力,提高课堂教学效果。

创造情境,使用情境学习法。教师讲解"公司的组织",采用情境学习法,让学生模拟股东大会,假设某大型贵金属上市公司的业务需要开设分公司,让学生扮演股东角色,模拟在股东大会上行使股东权利,发挥自己的作用,行使股东的选举权和表决权。让学生模拟公司监察员的角色,发挥监事会行使权利的作用,学生扮演董事,行使决策权;学生扮演公司首席执行官和执行董事,行使公司董事会的决策权,组织必要的赞成票和反对票,解释理由。在培养学生对职业规划的理解的活动中,让学生深刻认识到经营公司的每一步都是有计划、有目的的,需要提前规划,这样从个人发展到经营公司,很多事情都是清晰的,而不是盲目的、无计划的,想清楚了就可以了。在思想政治课中融入职业生涯规划教育,有效地提高了学生对企业组织结构的理解,加深了对企业组织结构的认识。

选择职业人物和使用案例研究方法。三一集团董事长梁稳根花了19年时间,把创业梦想耕耘成中国经济改革的试验田。1986年梁稳根从国营企业辞职,在经了贩羊、营销白酒、生

产玻璃纤维一系列的失败后,1993年梁稳根决定进军工程机械行业,他将企业更名为"三一集团",意为"创建一流企业,造就一流人才,做出一流贡献"。尽管创业道路曲折,但梁稳根及三一集团其他核心成员牢记"心存感激,产业报国"的创业初心,脚踏实地的做好每一步,不仅实现收获了自己的事业,三一集团更是中华民族工业的试验田,铸造了中国的世界名牌。

(二)开展思想政治课实践活动,创新生涯规划教育融入实践教学

思想政治理论课实践活动的实质是调动思想政治课题的内容,以活动的形式呈现。教师利用学生的亲身经历组织实践学习活动,使学生对课本上的理论知识有更深的理解,使理论知识更加真实、形象。教师讲解"新时代工人",并通过组织学生参观招聘会的方式融入职业规划教育,引导学生建立自己的简历,思考自己的优势和技能,了解雇主对求职者的要求,了解不同工作需要的技能和素质,帮助学生形成对职业选择和竞争性就业的独立见解,思考理想工作与自己技能之间的差异。为了更好地促进学生学习和掌握思想政治理论知识,组织学生实训的教师要注意提高学生的安全意识,提前做好招聘会的准备工作,提前通知学校,提前与招聘会的负责人联系,充分了解各方面的注意事项,并提醒学生由两名以上教师,最好是班主任配合,带学生参加招聘会。创新职业规划教育融入思想政治课实践教学形式,引导学生参加招聘会,提高学生对新时期员工树立正确职业观的认识,加深学生对思想政治理论知识的理解。

教师用社会调查的方法解释"企业如何运作和发展"这一主题,可以让学生参观当地著名的企业,了解其企业文化和经

营原则，并通过调查问卷了解当地人对企业的看法。教师帮助学生分析企业的商业模式，开阔学生的视野，帮助学生了解社会和环境，更好地理解课本，对企业有更深的认识。老师引导学生分析商业模式，开阔视野，帮助他们了解社会和环境，更好地理解课本知识，更深入地了解企业的成功之道。教师使用社会调查法，带领学生参观企业。应提前与被访企业联系，征得同意，组织学生提前思考访问时要准备哪些问题，访问哪些部门，员工的工作内容是什么，工作环境如何，如何工作等，并提前制定好调查提纲。创新职业规划教育融入思想政策实践教学方法，采用社会调查法，带领学生参观当地知名企业，利用知名企业的成功经营经验，引导学生将职业规划与社会实践相联系，培养规划意识，为学生制定科学合理的职业规划提供宝贵经验，加深学生对课本知识的理解和掌握。

参考文献

一、专著

[1]陈菲菲.把握课程内涵,探索课堂变革[M].昆明:云南大学出版社,2021:10.

[2]黄瑞宇.新时代高校学生工作的创新研究与实践探索[M].北京:中国政法大学出版社,2020:36.

[3](美)R.亚历克·麦肯齐.时间管理:如何以较少的时间完成更多的工作[M].马大抗,译.上海:上海翻译出版公司,1988:25.

二、期刊

[1]白会翔.高中生职业规划教育的意义及策略分析[J].中学课程辅导(教师通讯),2019(17):8.

[2]胡源龙,李佳,孙旭.父母对高中生STEM职业倾向的影响[J].化学教育(中英文),2021,42(7):99.

[3]李思瑾.大学生就业与职业发展的影响要素探析[J].人力资源,2021(14):98-99.

[4]刘东清,万华明,向桂林.高中学校如何开展职业生涯规划教育的几点建议[J].科学咨询(科技·管理),2020(6):173.

[5]刘奕.5G网络技术对提升4G网络性能的研究[J].数码世界,2020(4):24.

[6]冉宏.高中生职业生涯规划课程建设探索[J].科学咨询(科技·管理),2018(12):128.

[7]石琳.职业选择能力对大学毕业生初次就业质量的影响及对策[J].武汉理工大学学报(社会科学版),2021,34(3):66-71.

[8]王斌.论高中生职业生涯规划教育的实施策略[J].科学咨询(科技·管理),2018(9):101-102.

[9]王云生.高中学生关键能力发展的内涵及其培养[J].基础教育课程,2021(11):33-38.

[10]魏来.高中生生涯规划意识现状调查研究[J].校园心理,2020,18(3):213-215.

[11]杨云龙,邱泽生,姜延丰.浅谈高中职业生涯规划教育新路径[J].南方农机,2021,52(3):129-130,136.

[12]於巧云.论高中生做好职业规划的三个基础[J].成才之路,2017(35):34.

[13]张遥.高中生职业生涯规划指导的意义与实施策略[J].新校园,2021(8):81-82.

[14]赵静.高中生职业生涯规划论析[J].中学政治教学参考,2021(19):103.

[15]周云,谢念姿,谢丹丹,等.职业生涯规划认知对高中生学习动机的影响机制研究[J].济南职业学院学报,2020(1):71-73.

三、学位论文

[1]练方钧.新高考背景下普通高中学业生涯规划教育研究[D].桂林:广西师范大学,2021:24.

[2]刘艺.高中生物学教学中渗透职业生涯规划教育的实践研究[D].大连:辽宁师范大学,2021:20.

[3]王纲.高校思想政治教育评价视域下第二课堂的学生行为研究[D].成都:电子科技大学,2021:23.

[4]闫佳伟.中学立德树人落实机制研究[D].长春:东北师范大学,2021:30.

[5]字建勋.跨学科教学在高中思政课中的运用研究[D].昆明:云南师范大学,2021:15-21.